DINO CAMPINI

EL ALAMEIN
I CARRI DELLA LITTORIO

ISE-004

*Alla memoria di Vittorio Emanuele III
che primo volle rendere omaggio ai Caduti
di El Alamein, e al mio Generale,
Conte Carlo Calvi di Bergolo, che formò
i reparti corazzati italiani che si sono
battuti a Quota 33.*

ISBN: 978-88-9327-2537   1st edition: Giugno 2017
Title EL ALAMEIN - I carri della Littorio (ISE-004)
By Dino Campini
Editor: SOLDIERSHOP PUBLISHING. Cover & Art Design: L. S. Cristini.
Prima edizione a cura di Associazione Italia Storica - Genova

INDICE

PRIMA PARTE

I INTRODUZIONE . . . . Pag. 7

II CATALOGO DEGLI AVVENIMENTI . . . . . . Pag. 23

III EPILOGO . . . . Pag. 49

MAPPE E ILLUSTRAZIONI . . . . Pag. 56

SECONDA PARTE

LA DIVISIONE "LITTORIO" E LE SUE UNITÀ CARRISTI . . Pag. 75

«LITTORIO»: UNA SINTESI DI PURA GLORIA . . . . . Pag. 83
di Enzo Del Pozzo

LA DIVISIONE LITTORIO DAL GIUGNO ALL'OTTOBRE 1942 . Pag. 91
del Generale Giovan Battista Arista

STORIA DEL XII BATTAGLIONE CARRI M 14/41 . . . . . Pag. 99
di Gianni Ingoglia

L'ULTIMO COMANDANTE DEL XII BTG M 14 RICORDA . . Pag. 101
di Costanzo Preve

STORIA DEL LI BATTAGLIONE CARRI M 14/41 . . . . Pag. 103
di Carlo Macchi

SINTESI DELL'ATTIVITÀ' BELLICA DEL 555° GR. SEM. 75/18 Pag. 105
di Valentino Pisani

STORIA DELL'XI BTG. CARRI M 13/40 . . . . Pag. 107

STORIA DEL XIV BATTAGLIONE CARRI M 14/41 . . . Pag. 111
di Mario Gibelli

ELENCO DEI CADUTI, DEI DISPERSI, DEI FERITI IN COMBATTIMENTO
DEL 133° REGGIMENTO CARRISTA "LITTORIO" . . . . Pag. 113

NOTA EDITORIALE

In questa nuova edizione del libro di Dino Campini Eroismo e miserie a El Alamein del 1952, nella prima parte presentiamo la storia del IV Battaglione Carri M della Divisione "Littorio" come narrata dall'autore, mentre nella seconda parte sono riportate le vicende degli altri reparti corazzati della Divisione, sia organici a essa durante la battaglia di El Alamein (XII e LI Battaglioni Carri M, 555° Gruppo Semoventi 75/18) sia distaccati a altre Grandi Unità (XI e XIV Battaglioni Carri M), come descritte nelle pubblicazioni dell'Associazione Nazionale Carristi d'Italia, che ringraziamo.

I
INTRODUZIONE

Un vento lieve sventaglia la notte calma,

Una luna chiara rifulge sull'alta torre

Una voce sussurra e nessuno risponde se chiamo,

Un'ombra si muove, ma nessuno viene al mio cenno.

FU SUAN

Tra le vecchie carte ho trovato la relazione sul fatto d'arme svolto dal 23 ottobre al 2 novembre del 1942, a El Alamein, dal IV Carri M. del 133° Reggimento Corazzato.

Con riverenza per il ricordo di tanti cari camerati che mi tor-navano in mente ho trascritto quei fogli gualciti. Ho rivisto nella memoria tutti i carristi che, agli ordini del Maresciallo Rommel, il nostro Rommel, han vissuto quella storia.

Taluni dei pochi comandanti superstiti mi hanno scritto.

Bonini da Bologna mi dice che ho riaperto la sua ferita di El Alamein, quella dello spirito, la più dolorosa. Mi dice che vive nel ricordo dei nostri Morti e che ogni anno li convoca, il 3 novembre, in una suggestiva e modesta chiesa. «È per me la più bella giornata dell'anno». Mi scrive che cominciò la sua carriera da sottotenente comandante di plotone a San Michele del Carso, ove per la prima volta versò il sangue per l'Italia e la finì a El Alamein. Scrive: «Ti ricordo con tanto affetto e ti vedo sempre alla testa dell'eroico IV. Se passi da Bologna vieni a trovarmi».

Verri, Medaglia d'Oro, mi scrive dalla Puglia parole dolorose e infiammate.

Si è stabilita tra noi una fraternità che non ha termini.

Si era creato, in quelle sanguinose giornate, un patrimonio spirituale che non ha limiti.

Già, subito dopo che era scaduta la guerra, il vecchio Re si era recato attraverso quelle sabbie desolanti a cercare il posto dove ci eravamo battuti.

Il vecchio Re percorse la tragica sabbia e sostò davanti ai relitti squarciati dei carri. Non so cosa pensasse, so che fu il primo italiano che si rese volontariamente su quel campo di battaglia. Fu certo, per i nostri morti, un solitario e onorevole colloquio. Il Re era un soldato, poteva comprenderli. Le altre storie, quelle politiche, non interessavano il Re, quei morti e noi. Noi che disgraziatamente fummo costretti a vivere dove si affiggevano alle cantonate dei manifesti che inneggiavano alla nostra sconfitta di El Alamein. Manifesti dei Comitati di Liberazione. Bisognerebbe prendere qualcuno dei disgraziati che firmarono quel manifesto e costringerlo a combattere, chiuso in uno dei nostri carri di 14 tonnellate, contro un 28 tonnellate americano. Sarebbe giusto e io spero nella legge del contrappasso.

Nessun soldato si era ancora trovato a dover combattere nelle nostre condizioni! Qualcuno può dire che si sia lasciato solo un metro al nemico? Ci distrussero, ma sul posto!

Ora dobbiamo dire che dei nostri quattro veri comandanti, i generali Baldassarri dell'«Ariete», Pizzolato della «Centauro», Calvi di Bergolo della «Centauro», Bitossi della «Littorio», noi siamo contenti. I primi due sono morti in guerra.

Da questi quattro uomini, e da Costa e Pederzini, vice-comandanti, noi imparammo bene e con onore.

La nostra coscienza è in ordine. Della coscienza degli altri c'importa poco!

Trascorsi alcuni anni, tra le squallide sabbie del deserto egi-ziano il cuore di un soldato ha pensato di raccogliere i nostri morti. Alcuni dei nostri ragazzi avevano già iniziato un modesto lavoro. Vogliamo ringraziare Paolo Caccia Dominioni. Poco al nord della quota 33 della battaglia di El Alamein, presso la laguna dove si persero i carri del maggiore Dell'Uva, l'amore di Caccia Dominioni ha costruito un sacrario nel ricordo di quella gioventù che si sacrificò per la Patria. Lentamente, dal suo amore altre fiamme sorgono intorno. Sono i carristi, i fanti, i bersaglieri, gli artiglieri, i paracadutisti, i genieri italiani, inglesi, tedeschi, americani, tutti.

Nel cimitero militare di quota 33, a Teli el Eisa, riposano oltre tremila soldati d'Italia. Il deserto non restituisce i dodicimila che mancano.

Per la cronaca, le notizie raccolte di seguito vennero da me amichevolmente trasmesse, dopo che tornai in Italia, al Ministro Carlo Alberto Biggini che le diede a Mussolini. Pensai che avrei avuto delle noie. Avevo scritto anche frasi vivaci. Mussolini restituì quelle carte sottolineando con segni rossi e azzurri i passi che maggiormente lo attrassero. Quelli che contenevano dei numeri.

Queste poche pagine non pretendono di dare un aspetto tecnico della battaglia di El Alamein. Ne vogliono solo esprimere il sentimento. Queste notizie non potranno essere contraddette da chi vede le battaglie attraverso rapporti non sempre sinceri.

1

PREAMBOLO DEL CAMERATA

È difficile dire delle cose che ci accaddero. Abbiamo dentro, nel cuore, una zona di tenue e triste ombra ove albergano le angosce e le dolcezze e, quando il tempo è trascorso, sentiamo l'anima gonfiarsi, mentre il dolore fluisce estatico nel ricordo, desideroso di pianto lieve e silenzioso. Languore di morire così intenso da riportarci alle riviere della vita su un battello ebbro di molli sogni e di fantasmi gloriosi. Non altrimenti si riuniscono in noi stati d'animo da cui sgusciano le reminiscenze, care tanto che a discorrerne dobbiamo farci forza e superare un riserbo persino orgoglioso. Perché è l'orgoglio che impedisce al sentimento di dilagare oltre le chiuse della personalità: l'orgoglio della coscienza d'avere sempre seguito con tenace umiltà l'incerto sentiero del destino.

È un discorso triste questo: ridà sensazioni di quando noi, uo-mini, in quella parte del mondo in cui ci siamo ritrovati, ci siamo seduti intorno ai fuochi notturni, sotto le stelle o la burrasca, per parlare di quelli che non erano più con noi. I migliori. Si cercavano le parole, lentamente, allungando le mani verso la fiamma, quasi a prendere col gesto un po' di tempo, e poi, intervallate da opachi sentieri di silenzio, semplici, le frasi scorrevano.

Così, procedendo man mano a scaldarci di fuoco e di parole, ci s'infiammava; si rideviva secchi, aridi, ci ritornava il nostro cuore che in azione, solo oltre, trova ancora compagni. Il nostro cuore di combattimento.

Parliamo di noi. Ai vivi dispersi per tante strade, pochi, e ai molti morti: a questi soprattutto per riconoscenza.

Vediamo insieme questo quarto nostro battaglione, la cui gloria è una pianta spinosa, difficile a toccare.

2
IL REPARTO

La storia del IV Carri M. 14/41 è semplice. Costituito da gente tornata di Spagna che, dopo un po' di triste pellegrinaggio per le inutili caserme, all'Ansaldo, a Sestri, s'imparò i nuovi carri e partì per l'Albania.

Alla quota 731 di Monastir dovrebbe esserci ancora un carro del IV.

Poi a Scutari e in Iugoslavia, in Africa a El Qattara. E infine a El Alamein. Di El Alamein, o meglio di quella famosa quota 33, dieci chilometri al Sud del Minareto di Sidi El Raman, vogliamo discorrere.

Ricordiamoci però prima ciò che fu scritto sulla prua di quel carro, nel tempo quando i carristi Sabeni e Marangoni, per espiare il peccato di indisciplina e per il furto di un litro di acqua, scavando quella grande buca nella sabbia, si guadagnarono l'elogio del Maresciallo Rommel.

Ricordiamocelo insieme per ritornare con lo spirito di quel tempo. «O uomo, favilla di Dio, se hai l'anima ingombra di sonno o paura, seguirmi non potrai! I miei colori son sempre di guerra, la mia canzone è sempre disperata».

Così era scritto sulla prua di un carro.

E invero, la canzone di un carro è sempre disperata: i cari mostri, col muso perennemente all'agguato, docili e generosi, hanno un'anima di tristezza e un linguaggio di disperazione. Altrimenti perché avrebbe dovuto piangere il carrista Pagone Savino, quando un colpo gli squarciò il carro? Piangeva forse per qualche tonnellata di ferro? Piuttosto per l'anima del suo carro piangeva, giurando tra le lacrime che un simile amico non l'avrebbe mai più trovato.

3

INCONTRO CON LA «FOLGORE»

Noi eravamo dunque, in quel mese di ottobre del 1942, sotto a Sidi El Raman. Venivamo dal Sud, dal Passo del Camello e da Rain Pool, dalla zona dei Paracadutisti.

Mi sembra di rivedere, di quella notte di fine agosto, le piccolissime luci messe da quelli della «Folgore» tra i campi minati per segnarci i varchi. Erano tenui fiammelle schermate in scatolette di carne vuote, congegnate con tanta arte da essere invisibili al nemico. Così utili che tre Divisioni corazzate, – la «Littorio», l'«Ariete» e la 90ª Tedesca – si snodarono tra le insidie delle fasce minate senza alcun incidente.

Torniamo a quella sabbia che si estendeva, come una maledi-zione giallastra, tra l'agile sagoma del Minareto di Sidi El Ra-man e la tomba di Sidi Omar a mezzogiorno del Golfo degli Arabi. La nostra vita si svolgeva in quel deserto, intrisa di sabbia negli occhi, nella bocca, nel pane, negli orologi, nei motori: le buche in cui si erano infossati i carri, dai bordi, franavano ininterrotta quella sinistra sabbia minuta del deserto, impalpabile e penetrante come un malefico destino. Solo correttivo a quella isterica distesa il sapore della nafta commisto alle vivande. Le vivande! Mai qualcosa di fresco e l'acqua salmastra di El Daba è così scarsa! Così scarsa che nei fustini di riserva – quattro giornate d'acqua per il reparto – la si fece mischiare con gasolio per renderla meno desiderabile. La nafta dunque e la sabbia governavano le nostre menti; l'itterizia il nostro corpo.

Vivendo le nostre anime tra tanto giallo, come potevano gli occhi che dell'anima sono lo specchio, non divenire gialli? Forse anche il medico era di questo avviso!

Gli occhi poi abbacinati tutto il giorno da quei fantasmi all'orizzonte e che non si sapeva mai se eran falsi! Teorie di cammelli o di uomini, laghi azzurri, palmeti e cespugli. Diavolerie del miraggio.

4
MARSEILLE

Il cielo indifferente era solcato da agili cacciatori.

La squadriglia di Marseille dominava il campo, finché, un giorno, vedemmo giungere da Est un apparecchio basso che segnava l'aria con una striscia di fumo, seguito da altri due che gli sfrecciavano d'intorno come gli uccelli quando scortano i piccoli nel primo volo.

Quando fu su noi, vedemmo con orrore staccarsi il pilota e, sbattuto prima contro un'ala, precipitare senza che si aprisse il paracadute. Comprendemmo dai voli di disperazione degli altri due cacciatori che quella era una grave perdita. Marseille!

Fu come l'inizio della nostra sfortuna: si avvertiva nell'aria che qualcosa non andava più, che s'era rotto il senso di un misterioso equilibrio.

5
EUFORIA

In quei giorni eravamo stati in allarme, ma poi si sparse tra le truppe una strana euforia. E' meglio dire che fu tra i comandi che si incominciò a pensare alle cosiddette riunioni di «affiatamento» coi tedeschi. Consistevano in pranzi organizzati in genere a quaranta chilometri dalla linea e di cui ci giungeva una lontana eco. Sapevamo di queste simpatiche adunate perché anche gli ultimi automezzi che eravamo riusciti a salvare dall'ingordigia degli ufficiali dei comandi e che erano necessari alla vita del reparto, servivano a queste riunioni. Anche quel disgraziato gruppo elettrogeno che il buon tenente Greppi, con Tacoli, era riuscito a costruire per tenerci in ordine le batterie dei carri, si fecero consegnare! Per illuminare il tendone delle cene. E così ci costrinsero ad altri miracoli per tenere in efficienza le radio.

Miracoli. Quel gruppo elettrogeno era stato costruito con tanto amore e con tanta astuzia e finì male: ad illuminare le riunioni di «affiatamento». Per farle mandavano una vettura sino in Cirenaica in cerca d'uva! Erano iniziative queste che si estrinsecavano nelle zone delle basi degli alti comandi.

6

ROMMEL

La Divisione «Littorio» era abbastanza sana. Il nostro Divisionario Bitossi, con poca gente, aveva un comando tattico e viveva appartato. Veniva spesso tra noi. In semplicità. Di Bitossi, in Africa, non si può dir male. Lo trovai molto più umano e meno freddo che in Spagna dove, quando venne, si rivelò un po' duro. Forse gli avevano raccontato storie sulla disciplina dei reparti legionari. Quella dei legionari era una regola che veniva dal cuore e non dalle caserme e anche Bitossi, a un certo punto, la comprese. In Libia Bitossi si comportò con coraggio e onestà e ne ricavò in cambio, com'è naturale, molteplici amarezze. Era Certamente mal visto dai suoi colleghi e superiori. Così mal visto che quando arrivò in Africa subito gli sfasciarono la Divisione mandandogli i battaglioni un po' a destra e un po' a sinistra.

Fossero stati come lui gli altri generali! A tanti si potrebbero porre domande ben imbarazzanti. Si po-trebbe chiedere ad esempio come riuscissero a tornare a Tripoli certe donne che la sera del 23 Ottobre 1942 erano presso il Comando dell'«Ariete».

Si potrebbe chiedere all'ultimo Comandante del Raggruppamento Sahariano il perché di così eccezionali spiegamenti di forze intorno ai pacifici alberghi dove alloggiava.

Si potrebbe chiedere a Messe perché giudicò intransitabile lo Sciot di El Hamma: e non si può dire che non gli mettessero almeno un sospetto nella mente. Fu proprio un onesto e ingenuo maggiore di Stato Maggiore della 1a Armata a sollevare dubbi sull'intransitabilità dello Sciot! Era così intransitabile che ci passarono due divisioni corazzate inglesi!

E anche un caporalino sa che i carri van meglio sulla sabbia bagnata che sull'asciutta!

Ecco perché, del caso Messe, io non mi sono stupito.

Tra noi erano quei maledetti ufficiali superiori che rovinavano tutto. Del reggimento carri «Littorio», tolti il Colonnello Bonini e il Tenente Colonnello Casamassima, in seguito entrambi feriti, gli ufficiali superiori comandanti titolari raggiunsero, prima della battaglia, le basi, per varie infermità. I battaglioni rimasero ai capitani giovani.

La quota 33 della battaglia di El Alamein è situata nel deserto. Potrà distare dalla costa una decina di chilometri ed è un poco a est della palificata che rompe in quel punto la pianura di sabbia che si stende a perdita d'occhio.

In quell'ossessione giallastra e bionda che si infuocava e scon-volgeva nei giorni di ghibli, ognuno viveva la sua esistenza di dannato. Si scavava sino a trovare un'arenaria consistente e granulosa, fino a illudersi di trovare un po' di fresco. Fu un pomeriggio. Presso un gruppo di carri miei si era fermata una vettura.

– Un generale. – Disse il soldato.

Era Rommel. Aveva l'abitudine di girare le linee, celermente, improvvisamente.

Quando lo salutai mi sorrise con quel vivido sguardo limpido così azzurro che mi toccò, per correggerne l'intensità, cercare con gli occhi i risvolti rossi della sua giubba. Rommel aveva ispezionato i miei carri discorrendo coi miei uomini che stavano appunto continuando i loro scavi. Mi spiegò che il posto era pericoloso.

– Feuer!

– Certo! Feuer! Ma non lo temiamo. Parlò in fretta con un suo ufficiale che si volse a tradurre.

– Questo è un punto importantissimo. Il Maresciallo è sicuro che i vostri uomini sapranno tenerlo. Il Maresciallo vi prega di dire ai vostri soldati che è molto contento perché vede che gli italiani hanno molta volontà. Il Maresciallo vi ringrazia. – Feuer! – Ripeteva Rommel accennando a est.

– Ja! Feuer! Sì, sparano, ma ci siamo abituati.

Rommel rise mentre chinavo la testa stringendogli la mano. Si voltò ancora, e scorsi i risvolti rossi mentre la vettura si allontanava verso nuovi gruppi di insabbiati. E mi salutò ancora col gesto.

Dovevo rivederlo poi, e l'avevo già visto prima, ma in quel semplice discorso di soldati, in quell'intuizione precisa del punto dove la battaglia di El Alamein sarebbe stata più dura, era il segreto di Rommel.

Rommel era un nostro dio di guerra, soprattutto nostro perché carrista. Sapevamo le sue fulminee apparizioni, i suoi giochi di guerra. Avevamo anche costruito falsi campi di carri, ammucchiando sassi e per tante sere l'aviazione nemica era venuta a bombardare finché fu avvertita e allora lanciò sui nostri falsi carri delle false bombe di legno. Rommel giocava alla guerra.

Era dei nostri perché eravamo sicuri di vederlo apparire nelle situazioni più disperate a invertire gli ordini e capovolgere le situazioni.

L'avremmo seguito all'inferno, se si poteva immaginare un altro inferno differente da quello di El Alamein in cui l'avevamo seguito. Il soldato tedesco ha stupito il mondo, quello italiano ha stupito il tedesco, aveva detto il Maresciallo. E gli italiani, quelli, erano sensibili agli elogi.

Nelle notti quando l'Orsa declinava gli uomini nelle buche parlavano di Rommel.

– Davanti a Tobruk! La notte di El Qattara!

Nelle torrette dei carri gli uomini bisbigliavano.

– Ho visto l'Alfa Romeo di Rommel. Rommel mi ha salutato.

Le notti trascorrevano come una leggenda. I fasci dei riflettori cercavano nel cielo i bombardieri.

– A El Qattara. Al Passo del Camello. A Tobruk. A Bengasi. A El Mechili. Rommel!

– I gollisti non vollero arrendersi. Rommel fu cavalleresco e per quattro volte...

– A Rain Pool. La sera del 30 agosto del 1942, rotta 111 gradi. Al settimo chilometro il nemico cominciò. Ma passammo. Avevamo aggirato il grosso del nemico e distavamo solo quattordici chilometri dal mare. Stavamo per chiudere nel cerchio gli inglesi. Ma il fianco destro... Rommel. Tornammo senza perdere neppure una motocicletta.

– Quando penetrammo nello schieramento di Tobruk...

Il deserto cominciava a tessere la leggenda di Rommel. La sabbia che va dal Golfo degli Arabi alla Depressione di El Qattara era il regno di Rommel. Per quella sabbia erano schierate, da nord a sud, divisioni ger-maniche e italiane. 15a, 21a, 90a, «Littorio» e «Ariete», «Bologna», «Pavia», «Trieste», «Folgore». E resti di altri reparti.

E la gente aveva un solo capo, Rommel, che dava direttamente gli ordini ai battaglioni. Il Maresciallo Rommel fu forse il solo soldato che attuò una strategia nella configurazione del pensiero moderno. Se si considerano a fondo i vari fatti e le fasi dell'ultima guerra si vede che sono tutti infirmati dalla residua mentalità del secolo scorso. L'Europa ha fatto la guerra secondo schemi mentali che questi tempi moderni non reggono e, tra tutti, Rommel era soprattutto spregiudicato nel considerare le varie situazioni contingenti. Era nel giusto tempo, libero dal passato!

Con Rommel noi si condusse una guerra di corsa. I rifornimenti dall'Italia erano difficili e contribuivano a turbarli quanti si erano venduti al nemico. Il tradimento serpeggiava alle spalle. Il Governatore civile della Libia era stato sorpreso in contatto con gli inglesi. Dava notizie con una trasmittente e si suicidò.

Altri traditori ci spedivano acqua invece che carburante. E noi facevamo la nostra guerra usando automobili inglesi, mangiando carne e galletta inglese, vestendoci da inglesi. Gli immensi depositi inglesi di Tobruk, alti come case, ci rifornirono ampiamente. Era divertente fare la guerra a spese del nemico. La guerra che Rommel ci insegnò fu cavalleresca avventura di corsari del deserto e tal maniera di combattere agisce attivamente sugli uomini. Ecco un altro segreto del Maresciallo tedesco.

Ebbimo di fronte un avversario talvolta altrettanto cavalleresco. Non posso dimenticare la cortesia con cui gli Ufficiali dell'8° Ussari di Sua Maestà Britannica trattarono alcuni nostri equipaggi caduti prigionieri e che in seguito recuperammo. E un affettuoso saluto posso inviare anche al generale Stirling, capo delle camionette da noi catturato e che gentilmente ci complimentò per la nostra fortuna. Sapevamo che potevamo anche essere noi al suo posto. Destino! Stirling quel giorno si accontentò della nostra miserevole mensa.

Ma oltre la fortuna c'era ormai una definitiva differenza di forza, tra noi e il nemico. Noi ci trovammo a El Alamein in grande inferiorità. Ciò nonostante il nemico ebbe perdite pari alle nostre e, in quei giorni, ad Alessandria non dovevano essere troppo tranquilli. Le cose però hanno un fine! Noi finimmo prima anche se in Alessandria, a fin d'ottobre del 1942, gli ospedali inglesi si affollarono di oltre 15.000 feriti.

7

IL MONDO DELLE PAURE

In quei giorni, a ben considerare, ne capitavano di cose strane: invio di circolari per gli esami degli universitari, richiesta degli elenchi dei militari da proporre per il rimpatrio, organizzazione di cerimonie per il XXVIII Ottobre. Si tentava di addormentare la nostra vigilante sensibilità.

Il 18 ottobre giunse persino un foglio che dava per terminato il periodo di allarme. D'altro canto, e questo non poteva sfuggire ai vecchi soldati, tutti gli impiastri giunti in Africa nel luglio, chi con una scusa chi con l'altra, si allontanavano dalla linea.

Chi ha esperienza di guerra sa che ci sono individui provvisti di un presentimento animale del pericolo. C'era in Albania un tale che sentiva con un anticipo di qualche giorno gli attacchi del nemico e riusciva a non essere mai presente al battaglione nelle giornate dure. Si chiamava d'Ercole e non gli si fa torto dicendo che possedeva un senso che superava la normale paura. Questo sottotenente d'Ercole, vero termometro di guerra, era, del resto, utilissimo. In determinati ambienti gli uomini acquistano abilità che si assopiscono nelle normali condizioni. Qualcuno assicura che, prima di un combattimento «si vedono» quali dei compagni moriranno. Lo hanno scritta in faccia, asseriscono.

Questo vuol solo dire che noi viviamo in un mondo, che si può chiamare il «nostro mondo», del quale in genere scegliamo quegli aspetti che ci interessano. In certe condizioni, taluni, di questo mondo circostante, possono percepire cose che sfuggono ai più.

8
I CACCIATORI DI MEDAGLIE

Molti, s'è detto, in quei giorni si allontanavano. Era qualcosa più del presentimento di un singolo. Era quasi una misteriosa intesa tra determinati ufficiali appartenenti alla categoria di quelli che giungono alla linea quando le cose vanno bene: i cacciatori di medaglie.

Questo ripiegamento dei cacciatori di medaglie lasciava per-plessi.

L'aria che si voleva far spirare dai comandi era quella di una domenica in caserma, quando ci si mette la divisa nuova per firmare i permessi della truppa e offrire l'aperitivo alle figlie del colonnello.

Quest'aria lasciava ancora più perplessi, mentre, dalla torretta dei carri si sbinocolava tra i campi di mine e si osservava la linea della «Trento» che in quei giorni spostava – si poteva essere più pazzi? – i battaglioni e sguarniva le fumose bretelle minate, le trappole di Rommel.

Si ignorava che pochi giorni prima Rommel si era allontanato e che tra i nostri generali c'erano liti di comando e di anzianità.

Il responsabile della linea doveva essere, credo, il Generale De Stefanis.

Per indubbi segni questo individuo, particolarmente enterocolitico e che in Italia godeva di una fama certamente diversa che tra noi, ci detestava perché costituivamo la Divisione «Littorio». Ci detestava per il nome, pensavamo.

9
GHIBLI

Su questi fatti e su questi pensieri intervenne, nella seconda decade di ottobre, da Ovest, un aspro vento di ghibli a convincerci che le cose non erano tanto semplici e che quei seicento carri, che il nemico ci aveva portato su un fianco alla fine di agosto, da qualche parte sarebbero risbucati.

Tutta la linea, dal Golfo degli Arabi alla depressione di El Qattara divenne per qualche giorno gialla e rossastra e il sole all'orizzonte pieno di ammaccature.

Scaduto il ghibli, ci fu qualche poco di tregua, di eccessiva cal-ma e poi, il 23 ottobre, ebbe inizio quella battaglia di El Ala-mein in cui il IV Battaglione della «Littorio» attraversò queste avventure che ricopio dalla relazione dettata tra gli scoppi delle granate al Sergente Maggiore Ricciardi il 1° novembre, in una buca, presso la palificata della pista dell'«Ariete».

Conservo tutti gli ordini di operazione, gli ordini particolari e le copie dei fonogrammi.

II
CATALOGO DEGLI AVVENIMENTI

È grave, il peso. Sopportarlo occorre

e serbar fede alle prefisse sorti.

Innanzi o indietro,

noi non vorremo volgere lo sguardo.

HOELDERLIN

1
LO SCHIERAMENTO

La Divisione «Littorio» era, insieme con elementi tedeschi, costituita in Raume. Tre erano questi raggruppamenti: quello del Nord, quello del centro e quello di sud. Quello del centro, il nostro, poggiava su quota 33 di El Alamein ed era formato dal IV Battaglione Carri Medi, dall'8a Compagnia Carri tedesca, da Granatieri tedeschi del 115° Reggimento, dal XXIII Battaglione Bersaglieri, da un Gruppo di cannoni da 149, da un Gruppo di cannoni da 88 e da un Gruppo di Carri semoventi da 75.

Davanti a noi, a tre o quattro chilometri, a tenere la linea, tra i campi di mine, la Divisione «Trento» insieme con Granatieri germanici e artiglierie sparse tra i reparti.

Il nostro schieramento si poteva definire, considerandone la profondità, offensivo.

Tutto proiettato in avanti, compresi gli ospedali da campo!

2
L'ATTACCO NEMICO

Il giorno 23, alle ore 20 circa, mentre si discorreva delle tante inutili cose lontane col capitano Piccinini, si fermò da noi una di quelle piccole macchine dei tedeschi e un ufficiale ci chiese come poteva ritrovare la «Otto Piste».

Da quel punto, la famigerata «Otto Piste» si districava tra infinite piste sabbiose difficilmente identificabili di notte. Alla meglio orientammo il collega su un gruppo di stelle caratteristiche e, mentre lo guardavamo allontanarsi a bordo della sua minuscola vettura, tutto l'orizzonte ad Est si accese di un fuoco rossastro. Il groviglio di artiglierie del Ruweisat parve un fantastico incendio.

L'attacco nemico si rivelò con tiri di artiglieria di inusitata violenza sul nostro schieramento e particolarmente su quello del «Raum» del centro.

Il IV Battaglione Carri Medi 41, con due compagnie avanzate e una in rincalzo a cavallo di quota 33 di El Alamein, fronte ad Est, subì, ininterrotta, l'offesa dell'artiglieria e dell'aviazione nemica.

La linea fiammeggiava, le radio erano impazzite dal disturbo nemico, le stelle verdi dei razzi di allarme si ripetevano da tutte le parti. La nostra artiglieria era un po' disorientata.

Il nemico aveva scelto per l'attacco un'ora psicologica: quando di sera, tutti, chi più chi meno, erano in cerca di nuove. Si aggiunga che è raro che in colonia, a linee ferme, si attacchi dopo l'imbrunire: il nemico era fin troppo al corrente delle nostre abitudini e del nostro schieramento!

Le prime notizie, nella notte, si ebbero dal Sottotenente Mar-chegiani Fazio, che venne a riferire che tra i suoi carri erano giunti dei fanti della «Trento» che asserivano di provenire da oltre le fasce minate. Il loro battaglione era stato accerchiato, dicevano.

3

INCERTEZZA DELLE FANTERIE

Mezzanotte era, e i carri distavano dal campo di mine un quattro chilometri: se quei soldati non raccontavano storie, nel percorrere di buca in buca la distanza in quell'inferno di artiglieria, più di un chilometro per ora non potevano aver fatto. La linea della fanteria allora non aveva resistito già dall'inizio.

Poteva darsi però, conclusi, che quei soldati esagerassero, sor-presi in corvè dall'attacco: e le cose non erano così gravi. Gravissime erano.

E' indubbio che la linea della fanteria dimostrò una capacità reattiva minima. Le cause erano molteplici, assolute e contingenti. Tra le assolute è da considerare l'avvento dei meccanizzati che ha fiaccato lo spirito delle fanterie: il fante pensa al carro come a un mezzo invulnerabile, ignorando quante siano le preoccupazioni del carrista che ha il nemico più insidioso proprio nel cannone di fanteria. Causa contingente, che concorreva a indebolire il morale dei reparti al fronte egiziano era, tra le altre, una circolare dello Stato Maggiore che prescriveva, per il rimpatrio, una permanenza nei reparti operanti, cioè in linea, perché non si parlò mai di riposo, di trentasei mesi. Trentasei mesi di linea in quel tipo di Africa, senza un permesso. Chi ha ideato questo delitto non ha mai visto neppure un ingenuo cammello!

Notizie successive confermarono la gravità della situazione; il nemico allungava il tiro. Riuscii a raggiungere al comando il Tenente Colonnello Casamassima, comandante del Battaglione. Anche lui con le radio in disordine, i telefoni per aria, senza collegamento. Tornai al mio posto, deciso a ordinare il fuoco su tutto quello che si fosse presentato davanti ai carri, nemico o amico che fosse.

In attesa di una livida alba, che apparve insabbiata e polverosa tra gli scoppi, la notte trascorse.

4

MI SCRISSE LA MADRE...

Spuntò l'alba del 24 ottobre – si ritrovarono i collegamenti. Chiaro ormai che le fanterie poste a difesa dei varchi dei campi di mine non avevan sostenuto l'urto, ci spostammo a Sud per proteggere le nostre artiglierie rimaste scoperte. L'avversario tentò di impedire il movimento. Una granata da 88 cadde pochi metri innanzi al mio carro, non esplose, rimbalzò, come un sasso piatto sull'acqua, fischiando paurosamente per la perdita della spoletta e ricadde indietro, dopo di aver compiuto una curva perfetta.

Il Tenente Chiodi Garibaldi, aiutante maggiore del Battaglione che era già con me in Spagna al 1° Reggimento d'Assalto «Littorio», rimase gravemente ferito a una spalla da una scheggia.

Una scheggia stroncò le gambe al mio portaordini Ferro. Lo rivedo, questo soldato siciliano, taciturno, con gli occhi vivaci, sempre a lustrarsi la moto e a rappezzarla. Mi scrisse la madre: non credeva alla morte del figlio. Una povera lettera dolorosa a cui non risposi: mi era così difficile!

Un'altra scheggia alla testa uccise il Sottotenente Mantovani. Era tra noi da due giorni, giunto dall'Italia, entusiasta.

Ad ovest delle sacche minate davanti alla quota 33, intanto, s'andavano ammassando confusamente mezzi blindati nemici.

Parve però in quel giorno che la situazione si ristabilisse: pur sotto il martellare dell'artiglieria e dell'aviazione i tedeschi riuscirono a costituire una linea e noi tornammo sulle nostre posizioni dove si rimase fin nel pomeriggio quando, riapparsa una minaccia di mezzi blindati e corazzati dalla direzione Est-Sud-Est, ci riportammo davanti ai cannoni del Gruppo Giorgiolè.

5

L'ANIMA DEI CARRISTI NON LASCIA IL MOTORE

A mezzodì del 25 ottobre, dopo un breve rapporto del Colonnello Casamassima, fissata una direttrice di attacco, a formazioni aperte, in quarta velocità, ci si scontrò con l'avversario. Combattimento rapido e sanguinoso: il nemico, fermo, aveva la scelta dei bersagli. L'effetto dei perforanti sulle nostre corazze si rivelò una sorpresa: proiettili al fosforo usati per la prima volta e che incendiavano l'ambiente dove esplodevano. Una triste esperienza.

Si consideri anche la minor velocità dei carri tedeschi della 21a Divisione, partiti con noi all'attacco e che erano rimasti indietro. Il fuoco che doveva distribuirsi su quattro chilometri di fronte si concentrava sui mille metri del nostro schieramento.

Non potevan certo aver buon gioco i nostri carri di quattordici tonnellate con un cannone da 47 contro quelli nemici del tipo Sherman, di ventotto, con un cannone da 75. Neppure a numero pari potevano aver buon gioco. Figuriamoci nella proporzione in cui erano di uno a quattro!

Nonostante questi svantaggi, mentre qualcuno dei nostri carri colpiti, prima che l'incendio raggiungesse i serbatoi, con a bordo solo morti o moribondi, correva ancora verso l'avversario, come un immenso rogo semovente, il nemico venne respinto.

Oltre che dal fuoco dei pezzi da 47, non sempre efficace sulle corazze americane, venne respinto dal nostro coraggio: e ancor più da quello dei morti che procedevano sulla sabbia nei loro carri in fiamme.

Molti carristi, per abitudine, tenevano l'acceleratore abbassato con un artificio!

Giova pensare al significato di questa processione di mostri fiammeggianti, scossi dai bagliori variopinti delle granate contenute nel ventre, irreali come in una paurosa leggenda fantasma.

L'anima dei carristi morti non lascia il motore! Come potrebbe altrimenti un carro incendiato e squarciato seguitar a dirigersi verso il nemico?

Così ci sgombrarono il campo pur se i nostri colpi non erano micidiali e si era andati all'attacco senza un aiuto d'artiglieria.

Contro uomini vivi, si può combatterli non contro morti!

Il campo rimase inutilmente a noi. Lo scontro, durato non più di dieci minuti, costò a noi diciotto carri, quindici agli angloamericani.

6

MOLTI MANCAVANO ALL'APPELLO

Fu proprio all'inizio di questo attacco che venne ferito il Colonnello Casamassima. Un carro tedesco lo raccolse e portò via e fu per noi un vero dolore perché gli volevamo bene. Casamassima era, col tenente Frajria suo aiutante, un'autentica istituzione carrista. Un uomo onesto, scrupoloso e coraggioso. Con cinque figli, mentre gli sarebbe stato facile restarsene in Italia, aveva preferito, litigando e brigando, portare il suo battaglione alla guerra.

E non per speranza di onori o di carriera.

Si ricordano sempre con piacere le poche persone dabbene che s'incontrano per le strade della vita!

L'allontanamento di Casamassima mi poneva di fronte a pro-blemi che richiedevano un'immediata soluzione.

E' facile, quando si è tranquilli, riordinare un reparto; ma è difficile quando imperversa intorno una tempesta di ferro.

Io ero l'unico rimasto tra i comandanti di compagnia.

Considerai che sarebbe stato peggio restare ancora isolati e raggruppai i carri spostandoli a destra, sul fianco del reggimento corazzato della 21a Divisione.

Mi fu così possibile eseguire un primo controllo della forza.

Il capitano Piccinini della 3a compagnia, un caro amico, era morto. Presso il suo carro, agonizzante, ormai senza un braccio e con una larga ferita dal collo alla spalla, a un suo soldato che gli faceva animo aveva risposto che di coraggio ne aveva anche troppo.

Al tenente Ronga, comandante della 2a Compagnia, era stata asportata un'anca da un colpo ed era stato messo al riparo in una piccola buca, con il Tenente Marchioni, fortemente ustionato.

I Sottotenenti Ficaia, della 2a e Cuzzoni della 1a, la mia, erano bruciati nei loro carri.

Considerate le perdite subite, non rimaneva che ridurre le compagnie su due plotoni di cinque carri. E questo era il massimo che si poteva ottenere perché nei corazzati, come una volta nella cavalleria, reparto impiegato è reparto perduto: è necessaria molta abilità per riportare, dopo uno scontro violento, i mezzi in condizioni, sia pur minime, di efficienza.

7

E I FERITI?

All'imbrunire giunse l'ordine di tornare davanti alle batterie da 88 della «Littorio». Nella notte si pensò al ricupero dei feriti.

Mentre per tutti gli altri Corpi è previsto che i feriti siano raccolti e trasportati a un posto di medicazione, questo per i carristi non si verifica.

Si deve pensare che il concetto del posto di medicazione fisso è legato all'idea tradizionale della linea statica e non è valido per reparti che hanno la loro ragione di esistenza nel movimento.

Il problema del posto di medicazione i tedeschi l'han risolto con speciali mezzi blindali che seguono immediatamente il reparto.

In Italia, con quella mancanza di senso pratico e incompetenza che distinguevano gli organi preposti ai problemi della mobilitazione dei corazzati, si era assegnato ai battaglioni carri, per il disimpegno del servizio sanitario, un autocarro leggero che, come si può ben comprendere, era assolutamente inadatto al compito.

Perché questo autocarro servisse, il nemico avrebbe dovuto essere tanto gentile da risparmiarlo. Se pur riusciva a distinguerlo dagli altri infiniti mezzi che intervengono in un combattimento di corazzati.

L'unica difesa per il camion del medico poteva essere, al più, una speciale preghiera da far recitare all'alba o al tramonto. Preghiera che poteva anche contenere un certo numero di maledizioni indirizzate a quei distinti signori che, all'Ispettorato o al Centro Studi per la Motorizzazione, manipolavano la quintessenza della nostra regolamentazione.

Capitava così che, per le prime cure ai nostri feriti, ci si appoggiava in genere sul servizio sanitario tedesco, a cui molti di noi debbono la vita.

8

HO TROVATO UN CAMERATA

Mi è caro, oggi ancora, ricordare il dottor Schmidt, medico del 1° battaglione del 115° Reggimento germanico di Fanteria.

Apparve tra noi all'improvviso, con la sua carretta corazzata e i suoi infermieri, tra gli scoppi delle granate, calmo come in piazza d'armi, ed è per lui, se i miei ragazzi che andavo man mano raccogliendo, trovarono un primo sollievo alle ferite e alle ustioni.

Purtroppo le ferite dei carristi son sempre brutte e molti morirono durante il trasporto verso gli ospedali, tra cui i Tenenti Ronga e Marchioni.

Il dottor Schmidt io, quella sera, lo abbracciai e gli diedi la sola cosa che avevo con me: una bottiglia di anice. È solo un sentimento di riconoscenza che mi costringe a ricordare un onesto soldato.

Coi tedeschi della linea noi siamo sempre andati perfettamente d'accordo. Potevamo al più provare invidia per le loro armi e la loro organizzazione. Se le avessimo avute noi! E anche i tedeschi della linea avevano per noi stima e amicizia. È bene ricordarsi che in Spagna i Germanici avevano per i nostri reparti una sconfinata ammirazione.

Diventava solo un po' difficile intendersi con quelli delle retrovie e dei lontani comandi, ma è bene precisare che anche con gli italiani delle retrovie e delle lontane basi era difficilissimo intendersi.

A quel medico di battaglione tedesco ho desiderato tanto, in seguito, far giungere un segno tangibile di ringraziamento e di ammirazione e l'ho segnalato al nostro Comando: inutilmente credo, poiché, ignorando io molti dei suoi dati personali, mi fecero sapere che non era possibile inoltrare alcuna proposta al suo nome.

Ed anche se una proposta avessi inoltrato, non se ne sarebbe fatto nulla perché, per quel che mi risulta, neppure le proposte che si inoltrarono per i nostri morti ebbero corso.

Il Colonnello Rimini del Comando del XX Corpo d'Armata seppe tenerle ferme tanto quanto bastò perché il Generale De Stefanis non le firmasse. Se pur le voleva firmare!

E del resto, perché avrebbe dovuto, il Generale De Stefanis, firmare quelle proposte? Che ne sapeva lui dei rabbiosi concentramenti d'artiglieria e dei violenti bombardamenti aerei cui eravamo ininterrottamente sottoposti?

9
ELOGIO AI SEMOVENTI

Verso le due del mattino del giorno 26 ci giunse in appoggio una batteria del gruppo semoventi, comandata dal Capitino Sciortino. Tale batteria si rivelò di particolare utilità ed è in parte merito suo se, negli otto giorni che seguirono, il battaglione, impegnandosi in duri combattimenti, benché stremato di mezzi e di uomini, riuscì sempre a contenere e a respingere l'avversario, senza concedergli neppure un metro di terreno.

I semoventi da 75 erano, anche se a qualche stratega potrà spiacere, dei normali carri.

E quando non ci fosse stata altra ragione a farli considerare dei semplici carri, bastava ricordarsi che l'armamento dei corazzati nemici era costituito da cannoni da 75.

Non ho mai compreso perché, in alto, si insistesse tanto per definirli cannoni e limitarne l'impiego a tiri di batteria. Tale impiego, per tali mezzi, era da considerare anormale.

Come non ho mai compreso perché, invece di semoventi da 75, ottimi ancor oggi sotto ogni punto di vista, si continuassero a costruire, con lo stesso materiale, carri medi di quattordici tonnellate ormai superati.

10

UN SOLDATO CHE SPARA NON HA TEMPO PER FARE INUTILI CONSIDERAZIONI

Coi semoventi giunsero, inviati dal solertissimo e valoroso Tenente Greppi, i rifornimenti dei viveri, del carburante e delle munizioni.

Decisi di costituire sul posto riserve di munizioni, acqua e nafta. La capacità di un serbatoio di carro, di 180 litri, consentiva al motore otto ore di lavoro. Per aumentare tali possibilità avevamo aggiunto in coda al carro un sostegno contenente quattro fustini metallici di 20 litri: due di nafta, uno di acqua e uno di olio. Mi preoccupava che le schegge avessero forato quasi tutti i fustini.

Anche per le munizioni ero preoccupato. Il munizionamento di un carro, composto di 105 colpi per il cannone, in teoria definito pari a due giornate o come si chiamavano in ultimo – vedi la grande invenzione dello Stato Maggiorai – unità di fuoco, o unfoc, nella pratica bastava per due ore.

Per la psicologia dei nostri reparti, preferivo lasciare ai carristi molta libertà nel fuoco. Un soldato che spara non ha tempo per fare inutili considerazioni.

E del resto, gli inglesi, fin quando si sparava, non venivano avanti.

Costituii dunque le riservette in tante buche, dando incarico al Tenente Greppi di ricuperare il materiale nel caso di uno spo-stamento.

E così, rinforzato da una batteria di Cannoni da 75, coi carri riforniti di acqua, viveri e stracarichi di munizioni, affrontai la giornata del 26, che trascorse in continui duelli e puntate.

Diedi l'ordine di reagire sempre nel modo più violento. Molti, in guerra, pensano che sia meglio star tranquilli e sperano così di esser meno notati dal nemico. Io credo, per mio conto che, se si può, si debba sempre scagliare sull'avversario la massima offesa. Il tiro preciso dei carri e dei semoventi riuscì ad incendiare non meno di dieci carri inglesi, mentre, da parte nostra, non si ebbe alcuna perdita perché i plotoni, con limitati movimenti e senza presentare il fianco si spostavano in avanti, sparavano e retrocedevano senza voltare la prua, lentamente, di modo che non erano mai nello stesso posto.

11
LE NOSTRE RADIO ERANO ORDIGNI PRIMITIVI

Si può credere che le batterie inglesi fossero munite di qualche dispositivo particolare, sufficiente per indicare la distanza e la direzione delle radio a bordo dei nostri carri.

Infatti, per risparmiare gli accumulatori dei carri, che servono, oltre che per l'avviamento del motore, per l'alimentazione delle radio, si era creato un alfabeto con le stelle dei razzi e uno schema di appuntamenti; ma tale schema non era valido per il carro centro radio e per il carro comando che si dovevano tenere ininterrottamente collegati col comando del Raum.

Su questi due carri si concentrava sistematicamente la maggiore offesa nemica. Pure di notte, quando era, per la sola vista, impossibile discernere uno schieramento talvolta assunto dopo l'imbrunire.

Le nostre radio, specie le R. F. 1, erano ordigni primitivi e ci resero più di un brutto servizio.

Il nemico interferiva continuamente nelle comunicazioni, ci chiamava talvolta anche per nome e tentò perfino di impartirci ordini.

Si convenne tra di noi, per questo, di iniziare le trasmissioni con frasi dialettali, poiché era impossibile cifrare i messaggi.

Si pensi per farsi un'idea della fantasia dei comandi, come, tra gli scoppi, di notte, sotto un carro, con una coperta indosso e un pezzo di candela accesa sotto la coperta, si possa consultare il cifrario!

12

ANCHE OGGI...

Anche oggi, ricordando gli infiniti pericoli trascorsi in quei giorni, mi riesce difficile comprendere come si siano superati. Si sentiva nell'aria che qualcosa non andava. La notizia che mi era giunta, della morte del Generale Stumme, Capo di Stato Maggiore di Rommel, mi dava a pensare.

Dopo Rommel, Stumme era l'unico che conoscesse profonda-mente la nostra dislocazione compartimentata in un sistema di sacche e bretelle minate.

Mi riusciva poi strano che questo vecchio soldato fosse morto di apoplessia proprio nella prima sera dell'attacco inglese. Ci son tanti modi di morire in guerra e proprio l'apoplessia doveva intervenire!

I collegamenti erano quanto di più caotico si potesse immaginare. Sentivo di avere quasi sempre i fianchi scoperti, talvolta mi trovavo isolato. Avevo incaricato i miei ufficiali di ala di cercarmi continuamente il congiungimento con gli elementi del Raum del Nord e con il Reggimento Carri della 21a Divisione tedesca.

Il Comandante di questo Reggimento, un giovane capitano tranquillo e coraggioso che commentò con la sola parola «malheur» uno sfortunato attacco dei suoi, era stato da me vivamente pregato di informarmi sui suoi spostamenti, ma le notizie che mi giungevano di lui erano scarse.

Capitava che i reparti della sinistra ricevessero gli ordini da un altro raggruppamento; quelli di destra, tedeschi, erano nelle comunicazioni molto più rapidi di noi. Una buona norma di guerra è quella di adoperare molto l'udito. Più di tutte le altre facoltà, più della vista, l'udito permette di farsi un'idea della situazione. Di notte, poi, le complesse sensazioni di una battaglia, son date quasi esclusivamente dall'orecchio.

Per la mancanza di una linea regolare di fanteria, orientarsi in quel groviglio era difficile. La linea della fanteria è sempre una base, come una convenzione: senza di essa mancano molte volte i termini di riferimento.

Lo schieramento della fanteria è la falsariga di una battaglia! Anche lo schieramento delle artiglierie, a El Alamein, era incerto e il fuoco non manovrato. Le differenze tecniche tra i pezzi non favorivano questa manovra, ostacolata inoltre dall'alternarsi dei gruppi italiani con quelli tedeschi e dai collegamenti che per i germanici avevano un ritmo diverso dal nostro.

Solo l'intelligenza di Rommel avrebbe potuto far rendere sullo stesso tono i differenti elementi della linea, ma Rommel nei primi giorni – e quelli che seguirono portarono l'eredità dei primi – non c'era.

13

UN ASPIDE BIONDO

Nella notte tra il 26 e il 27, poiché la fanteria tedesca che aveva tentato con deboli forze di stabilire un velo di copertura era stata sopraffatta, due plotoni del IV Battaglione, coi sottotenenti Colonna e Morini, intervennero per proteggere una compagnia del 1°/115° Germanico spingendosi oltre le trincee già tenute dalla «Trento» e perdendo due carri sulle mine.

Il giorno 27 con un violento attacco, numerosi mezzi blindati leggeri avversari giunsero fin sulla linea dei granatieri tedeschi, ma il fuoco preciso dei carri e dei semoventi, che fecero strage di camionette, li arrestò.

In questo giorno l'azione dell'artiglieria su noi, divenne, se lo poteva ancora divenire, rabbiosa. Il nemico aveva capito di non avere di fronte grandi forze e si accaniva per eliminarle.

Intorno a noi solo più il fumo delle esplosioni. Nel pomeriggio, mentre, sotto il mio carro, in una piccola buca deducevo, dal tono degli scoppi, che gli inglesi avevano portato in linea artiglierie di calibro maggiore, un piccolo serpe, un aspide biondo, spaventato forse da tanto frastuono, si infilò sibilando nel mio insufficiente riparo. Una granata esplose contemporaneamente sull'orlo della buca ad ammonirmi. Quando si dissipò la polvere, il serpe non c'era più.

Confesso che ci son momenti in cui il normale coraggio non serve più a sommergere la disperazione che dilaga in noi, quando sembra che il destino ci si accanisca contro. Non è paura – non si ha paura in certi istanti, se mai si ha paura dopo – è il senso dell'inutilità dei nostri sforzi. E la cosa più pericolosa in guerra è la rassegnazione!

Venne la notte: un attacco respinto, carri incendiati.

14

ALL'ORIZZONTE CAROSELLO DI CAMIONETTE

Il 28, al battaglione giunse l'ordine di recarsi nella zona di A. P. 453, a disposizione del III/115° Germanico.

Gli A. P. erano un ingegnoso sistema ideato dai tedeschi per creare una rete di punti di riferimento. Il deserto di El Alamein è piatto: la quota 28 e la quota 33 non si distinguono dal resto e allora si stabilì una rete di triangoli sostenuta da vecchi bidoni di benzina numerati e che costituivano tanti punti di appoggio, posti in modo da essere, col binocolo, visibili uno dall'altro. Questi punti di appoggio, gli A. P., consentivano, con una semplice bussola, un facile orientamento. Il Comando Tedesco li aveva riportati sulle carte topografiche.

In definitiva, come sul terreno mancavano punti caratteristici, si eran creati disponendo dei bidoni numerati che venivano esattamente segnati sulle carte. Per recarsi in A. P. 453, a Sud Est, il battaglione lasciò la quota 33.

Preoccupazione per la sorte del gruppo da 88 della «Littorio», difeso solo da poca fanteria. Nella nuova zona non si riuscì a trovare il III/115° Germanico. Ricerca ansiosa di una linea che non esisteva più, letteralmente non esisteva più. All'orizzonte il solito carosello di camionette; due semoventi anticarro tedeschi, dispersi, si aggregarono al mio battaglione e si aprì il fuoco sui blindati nemici che retrocedettero.

15

UN SENSO DI SICUREZZA

Nel pomeriggio, finalmente, ci raggiunse l'amico reggimento carri della 21a Panzer e noi, sempre sottoposti al martellamento dell'artiglieria e ai massicci bombardamenti aerei, per cui si perse un semovente con alcuni carri, ne seguimmo il movimento. Attestammo così sul fianco dei tedeschi, e questo ci dava un senso di sicurezza. Appresi il ritorno di Rommel. Quelle poche ore furono sufficienti a non farci impazzire dal sonno e dalla stanchezza: ci ritrovavamo finalmente con un fianco sicuramente coperto e collegati a vista.

La capacità di sonno in guerra è tanto intensa che basta un po' di riposo per consentire all'organismo un grande ricupero di energia. E, grazie ai camerati germanici, riposammo un poco.

Ma nella notte, potevano essere le dieci della sera, ci raggiunse una staffetta di Rommel, un tenente, con l'ordine del Maresciallo di schierarci davanti alle batterie sistemate a Nord-Ovest delle posizioni da noi occupate in A. P. 453 e resistere ad oltranza per proteggerle.

16
C'ERA ANCORA QUALCHE STELLA E NON SEMPRE VA MALE

Resistere a oltranza, fin quando la 21a Divisione, con una ma-novra da condurre il dì seguente, non avesse dato a quelle benedette artiglierie una completa sicurezza. L'esecuzione dell'ordine comportava l'attacco delle posizioni che gli australiani avevano celermente sistemato nella zona del gruppo da 88 della Divisione «Littorio». Il gruppo, posto davanti ai medi calibri da difendere, nella sera era caduto in mano nemica.

Da qualche artigliere sfuggito alla cattura si era saputo che, superata la leggera linea tedesca, l'avversario aveva occupato il costoncino di quota 33 e si era impadronito dei pezzi che erano, come capitava sempre per i cannoni italiani, un po' troppo avanti.

Il concetto dell'impiego della nostra artiglieria è sempre stato un concetto d'assalto, determinato dalla gittata delle bocche da fuoco. Come l'impiego dei nostro corazzati è sempre stato d'assalto perché il minore ingombro ci faceva assegnare questi compiti.

Se si considerano tali elementi si spiegano le sproporzionate perdite di alcuni reparti.

Dalle notizie di qualche artigliere della «Littorio» e di qualche granatiere tedesco si poteva intuire la consistenza dello schie-ramento avversario. Mi resi così esatto conto di quel che era successo e mi determinai ad agire con la massima circospezione. Tutta la notte s'impiegò per sgusciare coi carri tra le batterie da proteggere, con infinita astuzia, e, all'alba, sbucando sugli anticarro inglesi con rapido coraggio, i carristi, incuranti di ogni sbarramento, piombarono proprio tra i cannoni nemici.

C'era ancora qualche stella e non sempre va male. Traiettorie variopinte di perforanti fitte come fili di un canovaccio, a filare una rete inesplicabile nel cielo sonnacchioso. Un bel ricordo coraggioso di un'azione condotta con molta fortuna.

In molti scontri, fortunati o sfortunati, mai m'era toccato di vedere svolgersi, con tanta perfezione, il piccolo piano ideato in precedenza. Non ci fu il minimo intoppo.

Risultati: riconquista dei pezzi da 88 del Gruppo Giorgiolè, liberazione dei nostri artiglieri che il nemico non aveva potuto sgombrare dalle buche, cattura di circa trecento prigionieri – quelli riportati da un bollettino di quei giorni – e delle relative armi, sicurezza completa alle batterie germaniche a tergo.

Quei prigionieri australiani, che spuntavano dalle trincee con le braccia in aria, allampanati sotto i cappellacci alla boera, intontiti per lo stupore, ancora più tragici tra i bagliori delle camionette incendiate, ripagavano le fatiche della notte.

Disfatti, mentre li guardavo, mi chiedevo come mai quegli uomini avessero potuto, nella sera precedente, attaccare, a quanto dicevano, con tanto selvaggio furore.

17

SI DEVE SEMPRE TEMERE DI QUESTE PALLOTTOLE VAGABONDE

Quota 33, prima tanto accanitamente difesa, tornava nelle nostre mani.

A questo punto la reazione nemica si sviluppò violenta su di noi, ma ormai era tardi. Convergere tutto il fuoco sui nostri carri fu un errore perché facilitò il movimento della 21a Panzer che, attaccando da destra, ci sgombrò dopo qualche ora definitivamente il campo: l'avversario, avvertendo la minaccia dell'accerchiamento, ripiegò.

Contrattacchi nemici non riuscirono a sloggiarci dalle posizioni: il nemico perse cinque carri.

Purtroppo anche noi perdemmo dei carri e degli uomini. Tra cui il Sottotenente Gulisano Salvatore, uno degli ultimi ufficiali che restassero. Nell'entusiasmo del successo – era giovane di venti anni – uscito dal suo carro quando quei soldati australiani a gruppi gettavano le armi, una pallottola spersa lo prese al fianco sinistro. Si deve sempre temere di queste pallottole vagabonde. Un piccolo foro sopra il cuore. Quando me lo portarono, mentre gli facevo coraggio, vidi che diventava pallido pallido e sulla fronte gli si formavano tante perline di sudore. Ricevetti poi dall'ospedale la comunicazione della morte.

18

GLI SQUADRONI BIANCHI

Nel tardo pomeriggio, risultando le batterie tedesche coperte dall'azione della 21a Divisione, il battaglione, assolto il compito, ricevette l'ordine di spostarsi in zona di A. P. 411, a protezione delle batterie denominate «Liguria» del Capitano Lusiana e in appoggio al XXIII Battaglione Bersaglieri.

Quel giorno subimmo trentaquattro bombardamenti aerei. Si può dire che, ininterrottamente ci volavan sopra quelle formazioni che a El Alamein si chiamavano «squadroni bianchi» perché dei diciotto apparecchi che le costituivano, diciassette erano bianchi e solo quello del Capo Squadriglia era nero.

La mancanza della nostra aviazione consentiva poi un totale dominio del cielo al nemico.

La nostra aviazione, almeno, quella che si vedeva, era costituita da una trentina di Stukas e qualche caccia e quando tornavano, li contavamo su noi sempre in numero minore. Bisognava vederla la contraerea inglese di El Alamein! L'unica volta che si tentò di agire con l'aviazione, e noi, poiché erano le ultime ore della notte, dovevamo segnare le nostre posizioni con lancio di razzi bianchi, tutta la linea inglese si accese di stelle bianche. Vedi come erano informati bene e tempestivamente i comandi nemici. I poveri Stukas dovettero rinunciare e tornarsene al campo.

19

UN APPARECCHIO INGEGNOSO

È in questo tempo che si accentuò la prevalenza aerea dell'av-versario.

Prima si poteva ancora respirare. In Albania ad esempio, l'offesa aerea lasciava quasi indifferenti. Veniva il solito «Vorrei - volare» greco, a lanciare un paio di bombe e manifestini.

Apparecchio ingegnoso il «Vorrei - volare». Gli alpini l'avevano chiamato così ed era una sintesi riuscita. Una specie di calesse con le ali; una volante fabbrica di rumori eterogenei. Le bombe che lanciava dovevano essere appese alla carlinga con un cordino che il pilota, al momento buono, tagliava con un coltellaccio. Questa era l'aviazione greca, ma, in Egitto, quella americana era una cosa seria.

In uno dei trentaquattro bombardamenti aerei di quel giorno venne ferito il mio pilota.

Era un carrista dell'ultima leva, Bernardini. Una scheggia, mentre era fuori del carro, gli incise la testa asportandogli una striscia di cranio. Una scriminatura bianca proprio tra i capelli, spaventosa. Fasciato alla meglio, si lamentò solo perché voleva ancora condurre lui il mio carro, preoccupato di dare al marconista che lo sostituiva alle leve di direzione, inesperto, le necessarie indicazioni.

Un ragazzo d'oro. Era la mia preoccupazione perché non credeva che i perforanti lo potessero colpire. E infatti, lo colpì una scheggia di bomba d'aereo e morì, dopo qualche giorno, a Brindisi, poiché ebbe ancora la fortuna di essere trasportato sino in Italia.

20

LONTANANZE

Dall'A.P. 453, nelle prime ore della notte, passando per l'A. P. 409, il battaglione raggiunse l'A. P. 411.

In A. P. 409 trovai in uno di quei pozzi – antichi serbatoi di grano, probabilmente – disseminati in quella parte del deserto egiziano, il comando del 115° Reggimento di Fanteria tedesca.

Era una ginnastica straordinaria scendere o salire da quel pozzo battuto sull'orlo da alcune mitragliatrici inglesi.

Eran cisterne in genere profonde anche quindici metri e si allargavano sotto in vaste caverne scavate nell'arenaria che testimonia l'antica immersione di quelle terre. A scendervi giù si provavano sensazioni di grandissima calma. Anche il rumore della battaglia si attenuava in una fioca lontananza.

Si intendeva, rinato nelle profondità arcane dell'anima, il senso del riparo, in quella cisterna di arenaria, a udire affievoliti i colpi di cannone e il fruscio della sabbia umida sotto i piedi in quell'irreale abitazione.

Scrosci di artiglieria e frusciare di sabbia che divenivano di colpo come lontani nel tempo, attutiti su una sensibilità ridestatasi improvvisamente sotterranea, lontananti nell'incanto di un attimo di quiete.

Tanta doveva essere la stanchezza, se ora conservo un così vivo ricordo di quei pochi istanti notturni. Dal fondo, in alto, si vedeva una stella e per un attimo, a guardarla, si dimenticava ogni materia, si diveniva completamente spirito, pànico nel fiato del cielo che incombeva miracoloso su quel tormento di uomini e di macchine orrende.

21

L'ATTACCO DELLA 90ª

Lasciato nel pozzo il comando del 115° Reggimento, quello che aveva il nome di «Azalea» – poiché ogni reparto e ogni comandante avevano un nome, il mio era Camillo e, se non fossero state le troppe cose serie in giro, me ne sarei risentito come di un'offesa – raggiungemmo la località indicataci alle spalle del XXIII Battaglione Bersaglieri della «Littorio», in tempo per assistere all'attacco che il nemico sferrò a Nord delle nostre posizioni. Anche il giorno seguente si ripeterono questi attacchi e assistemmo a una bellissima azione dei fanti della 90a tedesca.

Camminavano in fila sotto il fuoco i ragazzi della 90a, come se andassero al cambio della guardia. A vederli, così diritti, vigorosi e calmi, sotto il sole, pareva di sentirli cantare, tanto erano perfetti. Non uno che corresse. Solo qualcuno ogni tanto cadeva.

Meritavano, anche loro, più fortuna. L'attacco coinvolse a un certo punto anche la linea dei carri che concorsero con tutto il loro fuoco in appoggio e in sostegno ai bersaglieri.

Vennero incendiati mezzi blindati e carri del nemico e la colonna inglese, che si dirigeva inizialmente verso l'A. P. 411, si spostò verso Nord, allontanandosi.

Vari carri nostri furono colpiti e il battaglione – negli ordini, con mia grande rabbia, si continuava a chiamarlo pomposamente IV Battaglione Carri M. 41, – era ormai troppo ridotto nei mezzi.

Si ricostituì intanto la linea davanti ai Carri con reparti del 115° Fanteria Tedesca «Azalea» in A. P. 409, col XXIII Battaglione Bersaglieri «Littorio» in A. P. 410 e reparti del 200° Fanteria tedesca ad ovest di quota 28.

La quota 28, per quanto i Comandi, forse per una qualche celeste ispirazione, insistessero nel darla sgombra, era presidiata dal nemico anche con reparti corazzati. Bene o male, passò anche la giornata del 31 ottobre e le cose sembrava stessero per normalizzarsi. Pensavamo che il nemico si fosse esaurito: le perdite che aveva subito nel nostro settore erano forti.

E così, ristabilita la linea, il Battaglione, la sera del 31 si spostò in zona di A. P. 507, nei pressi della famosa palificata di El Alamein, in secondo scaglione, con l'intenzione di riordinarsi. Davanti a noi, a un chilometro circa, c'erano i carri del LI Battaglione della «Littorio». Ci si poteva quasi considerare a riposo e la giornata del primo novembre trascorse in relativa tranquillità, disturbata solo dai normali bombardamenti aerei e dai tiri d'artiglieria. Quei diabolici proiettili di nuovo tipo, aguzzi e senza ogiva, metallici, con un vitone in fondo, avevano per noi una spiccata simpatia. È in quel giorno che dettai le notizie che precedono.

22

ALL'ALBA DEL 2 NOVEMBRE

All'alba del 2 novembre il nemico rinnovò lo sforzo contro le nostre posizioni, impiegando masse imponenti di carri, artiglieria e aviazione.

Travolto il LI Battaglione, gli inglesi si trovarono ben presto di fronte ai nostri carri che si appoggiavano alla 8a Compagnia Panzer della 15a Divisione, schierata e mal ridotta, sulla nostra destra.

A Nord, un contrattacco della 21a Divisione Tedesca venne respinto dall'avversario e il IV Battaglione rimase, per lutto il giorno, a tentare di far fronte alle forze attaccanti.

Il fuoco dell'artiglieria aumentava in un crescendo indescrivibile. I carri e gli anticarro nemici, protetti da cortine fumogene, serravano sotto. Sei carri nostri e un semovente incendiati. Anche molti carri nemici bruciavano davanti a noi.

L'XI Battaglione Carri M. 40, della Divisione «Trieste», intervenuto nella lotta al nostro fianco fu, in poco tempo, distrutto.

Il Comandante, Maggiore Verri, che si era messo vicino al mio carro, ebbe le gambe asportate da un colpo.

Tutti i miei carri erano colpiti; quasi tutti definitivamente inefficienti nelle armi.

Feci avvisare i resti dell'XI dell'accaduto, perché sapessero almeno da chi prendere gli ordini. Sulla sinistra, pochi elementi anticarro tedeschi concorrevano alla difesa.

La situazione era disperata. Un sottufficiale del Comando aveva portato la notizia che il Colonnello Bonini, Comandante del Raum, un caro e valoroso ufficiale che ci fu sempre maestro di coraggio e di calma, accerchiato dal nemico, era riuscito a rientrare miracolosamente tra i nostri su un motocarrello, ma era ferito alle gambe da una raffica di mitragliatore.

Il nemico però, nonostante la superiorità assoluta dei mezzi, non riuscì a smuoverci dalla posizione che occupavamo. Forse ingannato dalle molte carcasse bruciate che disseminavano la zona e che, da lontano, potevano sembrare carri ancora efficienti.

23

DUE CARRI CON UN SOTTOTENENTE

Che cosa potevamo ormai fare? La nostra speranza, quella che ci teneva abbarbicati ai carri ormai inutili, era che dietro si fosse costituita una linea e che, noi esauriti, questa linea entrasse in funzione.

Invece, alle spalle neppure l'ombra di uno schieramento! Quando, nel pomeriggio, una stupida scheggia di perforante mi colpì alla testa, il battaglione aveva ancora due carri. Anche il capitano Sciortino venne ferito con me, forse dallo stesso colpo. Due carri con un sottotenente: Marchegiani, quello che si comportò meglio! E pochissimi uomini, dieci o dodici.

Ancora mi riuscì di sgomberare i feriti e dire per radio a Marchegiani di riunirsi ai carri tedeschi dell'8a Compagnia. Di collegamento, fin dall'alba, non se ne parlava più.

Dieci giorni ininterrotti di combattimento e di stanchezza.

Il dolore vivissimo alla testa non mi impediva di pensare al battaglione che non c'era più: del battaglione mi era rimasto l'elenco delle perdite. Di 14 Ufficiali: 7 morti e 5 feriti. Di 39 Sottufficiali: 12 morti, 14 feriti, 5 dispersi.

Di 149 uomini di truppa: 23 morti, 42 feriti, 33 dispersi.

I dispersi probabilmente tutti periti con l'incendio del loro carro.

Ma il nemico, dov'era stato il IV, non ci passò. Passò più a Sud, il giorno dopo.

Quando raggiunsi il Comando della Divisione, per rendere conto dell'accaduto, trovai gente che, stupita, mi chiese dov'era il battaglione.

Ebbi l'impressione che sulla situazione non ci fossero idee troppo chiare. E mi portarono all'ospedale.

Questa è la storia di El Alamein del IV Battaglione.

III
EPILOGO

Gioventù, gioventù raccolta in veli

Luminosi, tradita dalla sorte.

     CAMPANA

1

NON È UNA GRANDE STORIA

Non è una grande storia: ma è vera dal principio alla fine. Degli uomini che l'hanno vissuta ce ne sono ancora dei vivi. Mi chiedo talvolta sul sentiero di quale Destino si svolga la loro esistenza. Erano veramente uomini che avevano superata la concezione comune del coraggio. Avevano raggiunta la fase del coraggio freddo e ragionato. Quello più difficile. Purtroppo non sempre la fortuna è pari ai sacrifici che si compiono: noi si combatteva ad armi disuguali e i nostri mezzi erano inferiori, specialmente in numero, a quelli del nemico. Il nemico aveva schierato a El Alamein oltre milleduecento carri armati: l'armata corazzata italo-tedesca era forte all'incirca di seicento carri.

La superiorità dell'artiglieria nemica era schiacciante. La nostra aviazione mancava.

Le fanterie, quando si eccettuino la «Folgore», i Bersaglieri e qualche altro reparto, furono sorprese dall'attacco. Buona parte della Divisione «Trento» quella che si comportò tanto bene a Tobruk, l'abbiamo vista coi nostri occhi arrendersi senza neppure cercar di uscire dalle trincee. Inesplicabile!

In compenso, un bollettino di quei tempi la citava in ordine del giorno. La guerra è talvolta anche ironica. Il Tenente Bertelli del comando di questa Divisione mi riferì in seguito di aver visto il suo generale preoccupato solo perché fossero ben visibili i drappi bianchi che faceva esporre in segno di resa.

Questo generale trattò poi perché a lui e al suo seguito fosse consentito di adoperare le automobili del comando: e sembra che gli inglesi abbiano acconsentito! Quando ancora gli rimaneva qualche valoroso gruppo di artiglieria e un po' di fanteria che aveva racimolato il Maggiore Bea, di Alessandria, un valente ufficiale che, per quel che si seppe, preferì affrontare senza alcuna speranza il suo destino piuttosto di ripiegare o arrendersi. Anche molti comandi lasciavano dunque a desiderare.

I collegamenti irrazionali: i reparti italiani si alternavano coi tedeschi e i collegamenti tedeschi erano molto più celeri dei nostri. Lo stesso ordine raggiungeva il reparto tedesco dopo un'ora e quello italiano dopo quattro. Inconveniente dovuto alle imperfezioni dei nostri mezzi. Per questo, molte volte si aveva l'impressione che i tedeschi si spostassero senza preoccuparsi dei reparti italiani. Era che al reparto italiano l'ordine arrivava con un bel po' di ritardo e non sempre si può agire di iniziativa. In queste condizioni, rimane da chiedersi come han fatto quei pochi carristi a resistere per tanto tempo all'urto avversario.

Le sorti della battaglia erano indubbiamente segnate dalla sproporzione dei mezzi: sproporzione dipendente dai risultati della battaglia dell'Atlantico di cui la battaglia dell'Egitto fu la prima conseguenza.

Ma con un più oculato impiego dei reparti si sarebbe forse ritardato il successo dell'avversario.

Il reggimento carri dell'«Ariete», ad esempio, nelle mani del suo vecchio comandante, il Colonnello Maretti, avrebbe pur fatto qualcosa di utile!

Ma che cosa poteva fare con un nuovo Colonnello che, mentre i suoi erano ancora in combattimento nel deserto egiziano, girava in macchina lungo la Balbia e, per essere precisi, a Bardia, chiedendo a tutti notizie del Reggimento?

Così non si ebbero più notizie del XIII Battaglione carri del Maggiore Baldini.

Dell'«Ariete» solo il Capitano Grata ebbe l'audacia di cacciarsi, a Marsa Matruk, tra le formazioni inglesi che l'avevano aggirato e riuscì a svincolarsi con quasi tutti i suoi carri.

L'altro battaglione, quello di Vaglia, fu più sfortunato. Certo che l'«Ariete», ben comandata, avrebbe reso di più.

Errore fu affidare un tanto bel Reggimento carri a un brutto Colonnello.

Ed è triste considerare che questo signore, tornato dall'Africa, nonostante le infinite maledizioni dei suoi bravi ufficiali, prese tranquillamente il comando dei carristi di Siena. E ci faceva, a Siena, il vento, la pioggia e l'eroe.

Di questo Colonnello voglio ancora ricordare la comoda malattia che lo faceva inidoneo alle fatiche di guerra e per la quale rimpatriò dalla Libia. Malattia che aveva da tempi immemorabili. Di questi sfruttatori delle malattie in servizio permanente effettivo ce ne son sempre stati molti grazie alla infinita – in certi casi – compiacenza medica.

Conosco un capitano – del resto bravuomo – che, quando si parlava di un qualunque generale subito interveniva assicurando che era stato suo compagno di corso. Solo che lui aveva fatto venti anni il tenente, aggiungeva. Molti dei carristi anziani sanno chi è e gli volevano bene e gli perdonavano tante cose: è stato dodici anni in Somalia!

Questo vecchio capitano, aveva la dentiera e, quando le cose si mettevano male, ovvero si parlava di guerra sul serio, se la toglieva. E poiché nessun ospedale era in grado di fabbricargli una dentiera, dopo un poco lo rispedivano in Italia.

Rimpatriò così una prima volta dalla Somalia, una seconda dalla Libia e una terza dall'Albania.

Sempre togliendosi la dentiera.

Incassava totalmente l'indennità di equipaggiamento e di entrata in campagna, e poi si toglieva la dentiera.

Ma in ultimo la storia la si conosceva e, nell'inverno del '42, dall'Africa, gli toccò rimpatriare per forme diffuse di artrite. Artrite che gli impediva ogni movimento. La miglior cura della malattia però, assicuravano i suoi compagni dell'Ospedale di Barce, era l'arrivo di apparecchi nemici da bombardamento: l'artritico diventava agilissimo.

2

PERCHÉ SI SONO MANDATI I PARACADUTISTI A EL QATTARA?

Tralasciamo le cose allegre e torniamo alla battaglia di El Alamein. Gli inconvenienti che si sono lamentati han solo accelerato gli avvenimenti, che sono le risultanze di un quadro strategico ben maggiore.

Una considerazione però la si può ancora fare: ma si riferisce ad avvenimenti anteriori a quelli che sin qui si sono esposti.

Ai primi di luglio, quando si raggiunse con quella decina di car-ri italiani e quei due obici da 100 la zona di El Alamein e il nemico era in rotta, ad arrestare le nostre poche forze arrivarono dal Medio Oriente, spostate di corsa, 24 batterie inglesi. La fanteria avversaria, praticamente, non esisteva più: solo resti demoralizzati di reparti indiani e poco altro. Ufficiali inglesi prigionieri asserivano stanchi che il Nord Africa per loro era perso, e, chissà perché, dicevano che tanto la guerra si sarebbe decisa in Estremo Oriente.

Le cose stando in tal modo, perché quei paracadutisti che si son sprecati al Passo del Cammello non si sono lanciati a tergo di quelle ventiquattro batterie? Mi son chiesto tante volte come avrebbero potuto reagire quegli artiglieri inglesi di El Alamein a un'offesa di paracadutisti.

Forse il corso degli avvenimenti sarebbe stato diverso e da cosa nasce cosa! Le difficoltà tecniche non erano insormontabili. Quei paracadutisti vennero trasportati in aereo da Lecce a Derna proprio in quei giorni.

Tutto è destino e questi son fatti che non ci riguardano. Non sono, come si dice, di nostra competenza

3

ABBIAMO UN TESORO NEL CUORE

Noi siamo soltanto onesti soldati cui era stato insegnato fin da ragazzi a credere, a obbedire e a combattere.

E se questa regola ci procurò talvolta dolori e sofferenze, mai però ci pose nella coscienza dubbi tormentosi. A questa regola ancora siam grati per quanto abbiamo di onesto e di buono nel cuore. Un nostro grande e inalienabile tesoro portiamo chiuso nell'interno.

E del resto, quando null'altro ci rimanesse, poiché non abbiamo mai chiesto nulla, non svanirebbero per questo i colori e i profumi dei nostri ricordi e ci sarebbe pur sempre consentito di superare verso regni più azzurri le montagne di questo mondo incostante.

Per ritrovarci e per discorrere nel nostro linguaggio. In una lingua cresciuta su campi di battaglia, in differenti regioni. Una lingua nata bambina coi nostri venti anni: l'abbiamo imparata dalle montagne di Africa e d'Europa: su quei monti che hanno, in tutte le terre, un sapore lontano e un colore amico che s'inciela come un miracolo. Gloriosa preghiera di cuspidi al sole, chi non ricorda le montagne dell'Etiopia!

Oppure dalle montagne pallide dell'Albania: quando la neve in disgelo gonfia i fiumi e la vecchia terra ha l'arteriosclerosi. Le case sui dirupi sono un attimo di sassi fermato nel tempo con dentro umanità di stracci variopinti, pecore bianche e nere, pensieri millenari. O dalle montagne gialle della Libia, a Giado o a Nalut verso Gadames, a sentire la ninna-nanna di una madre berbera che parla di una bambina dalla testa piccola piccola che beve alla mammella ed è da lavare mentre le ragazze alla fonte lasciano cadere il velo per farsi vedere la faccia in barba a Maometto.

Le nostre parole le abbiamo imparate tra l'angoscia dei baratri aperti nel silenzio, sotto stelle e nuvole chiare, nel fango e nel deserto, lungo riviere fascinose, in pantani o nella neve: ovunque sia stato un bel combattimento.

Chi non ha dormito per anni sulla semplice terra non può intenderci: il nostro è un altro mondo che si plasma nella completezza della terra sentita immedesimata nel nostro corpo.

Chi conosce il linguaggio della pioggia su una piccola tenda, quando l'acqua batte sui teli come su foglie secche? E nella notte, fuori, i sassi vogliono sdrucciolare per le piste lumacose, i cespugli tendono un agguato spinoso, gli ulivi cercano disperatamente le stelle. Gli ulivi, che cosa divengono, senza le stelle?

Chi conosce l'immagine della pioggia che cade su una piccola tenda di guerra?

È una fantasia di lunghi occhi vetrini con ciglia lunghissime. Una malinconia così dolce: fluire di uno stato d'animo spaziale che dilaga nei primordi.

La terra, la poca terra al riparo è una gioia e una conquista. Un sentimento autunnale che sazia.

E il linguaggio degli ulivi quando un Iddio sommerge le dolci oasi in una danza forsennata di cui rimane per un istante ricordo nell'alba, prima che gli alberi, alla luce, tornino alberi, i sassi sassi, e la terra torni ad esser fatta per la luce mentre l'oasi ridiventa uno scoglio verde in una lenta geografia!

Per intendere queste cose bisogna aver dormito molto per terra, in semplicità. Bisogna aver sofferto la fame, la sete e le cannonate. Le veglie e l'angoscia dei rumori notturni.

Bisogna, dopo di aver inteso a fondo il sentimento del mestiere delle armi, aver imparato a non contare più i nemici perché, quale che sia la fortuna di una giornata di guerra, alla sera, la paura non riposerà certo dalla nostra parte.

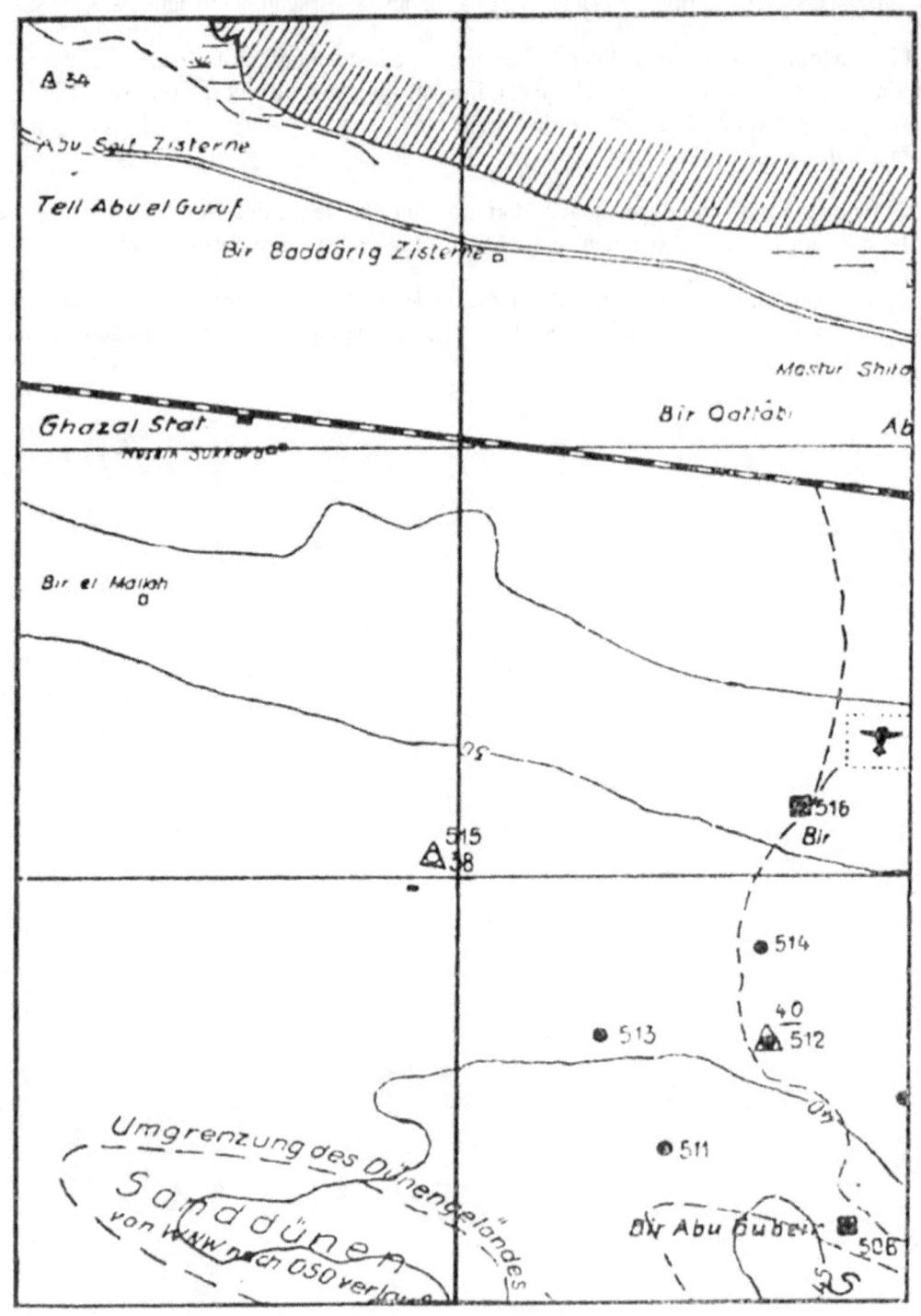

Rilievo topografico tedesco del foglio di El Alamein 1:100.000. Zona dei Comandi e retrovie

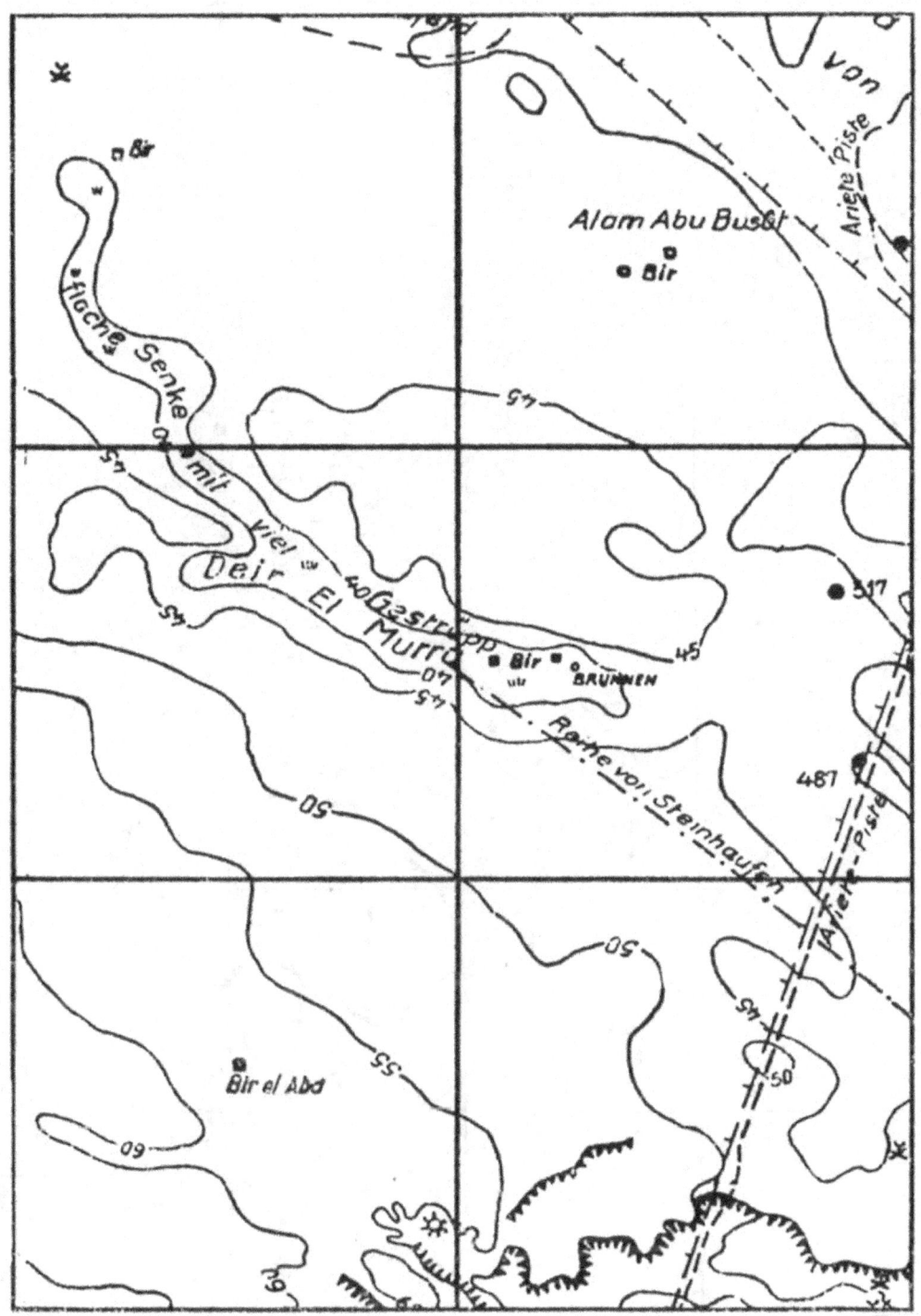

Foglio da aggiungere sotto la precedente cartina

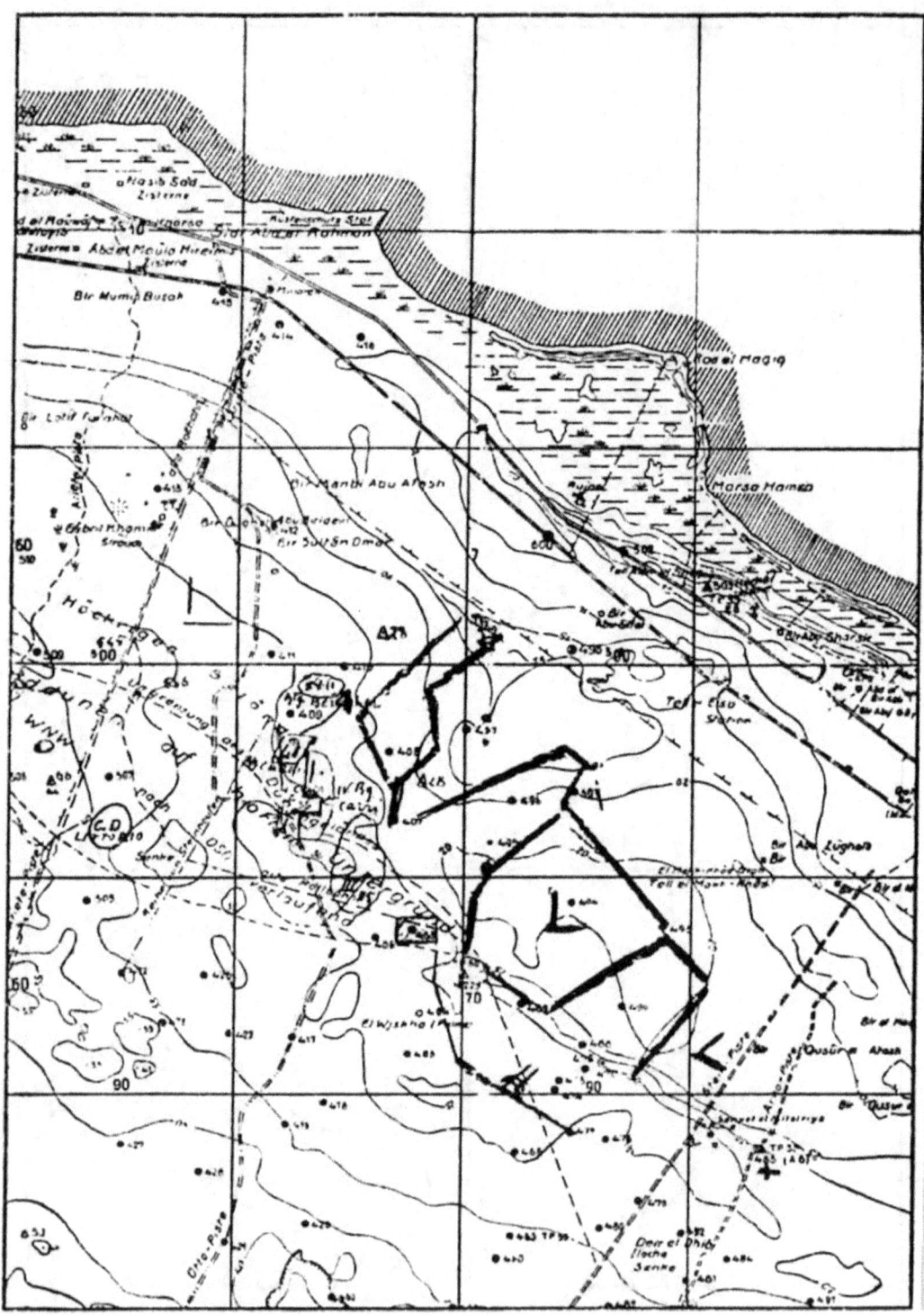

Quadro di unione delle seguenti quattro cartine

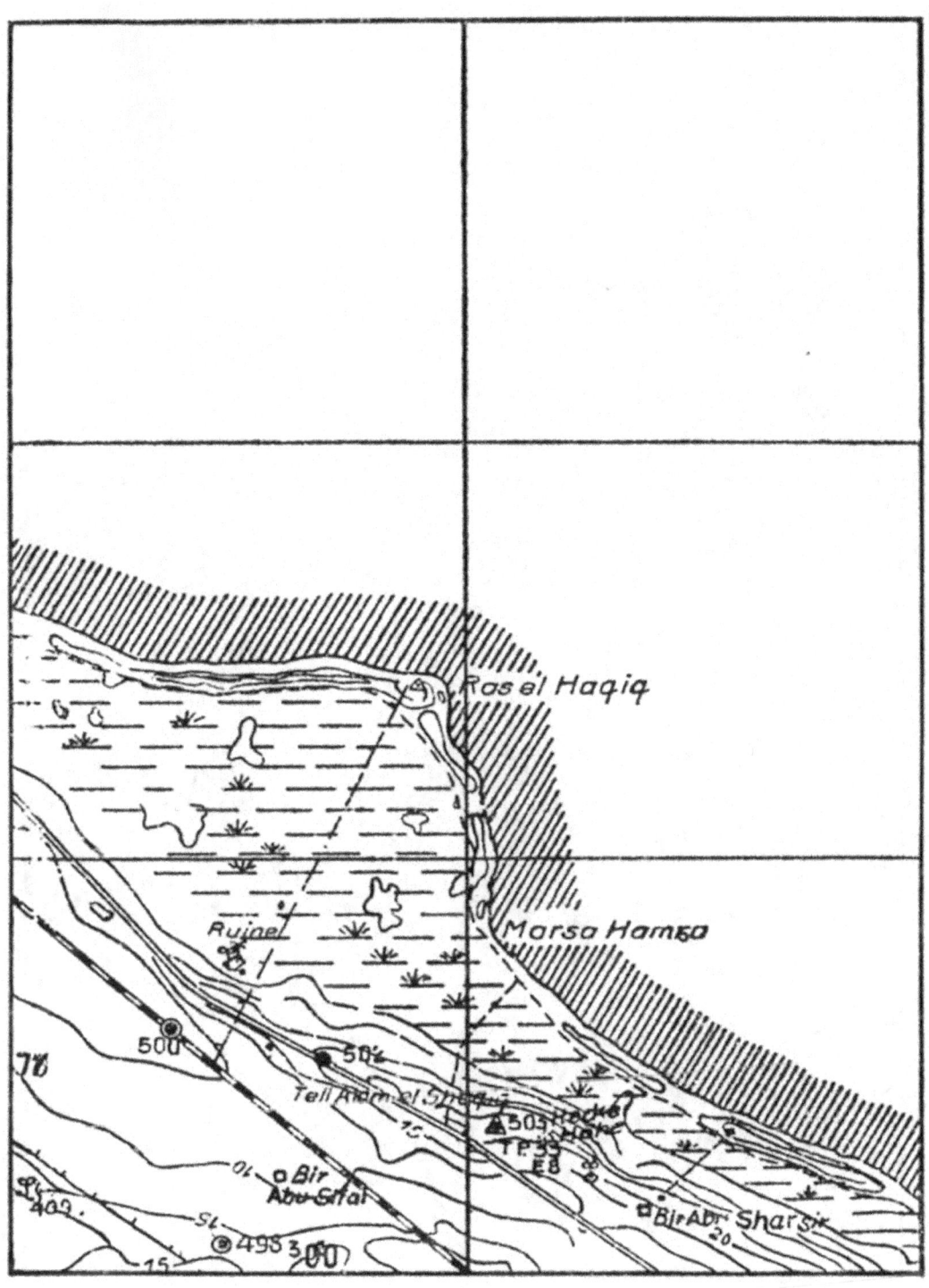

Zona verso il mare. I punti neri appoggiati ad un numero sono gli A.P.

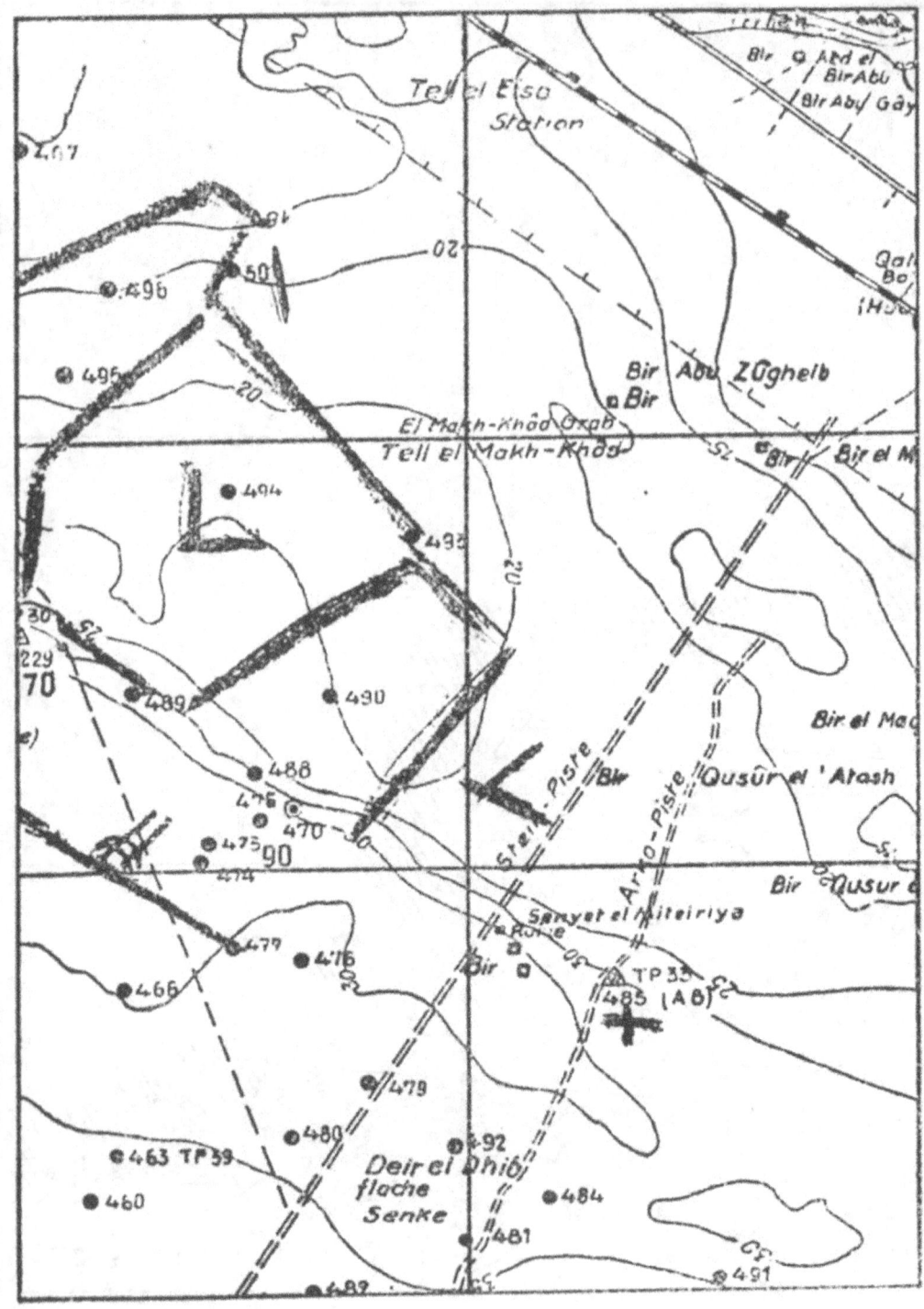

Zona delle fasce minate

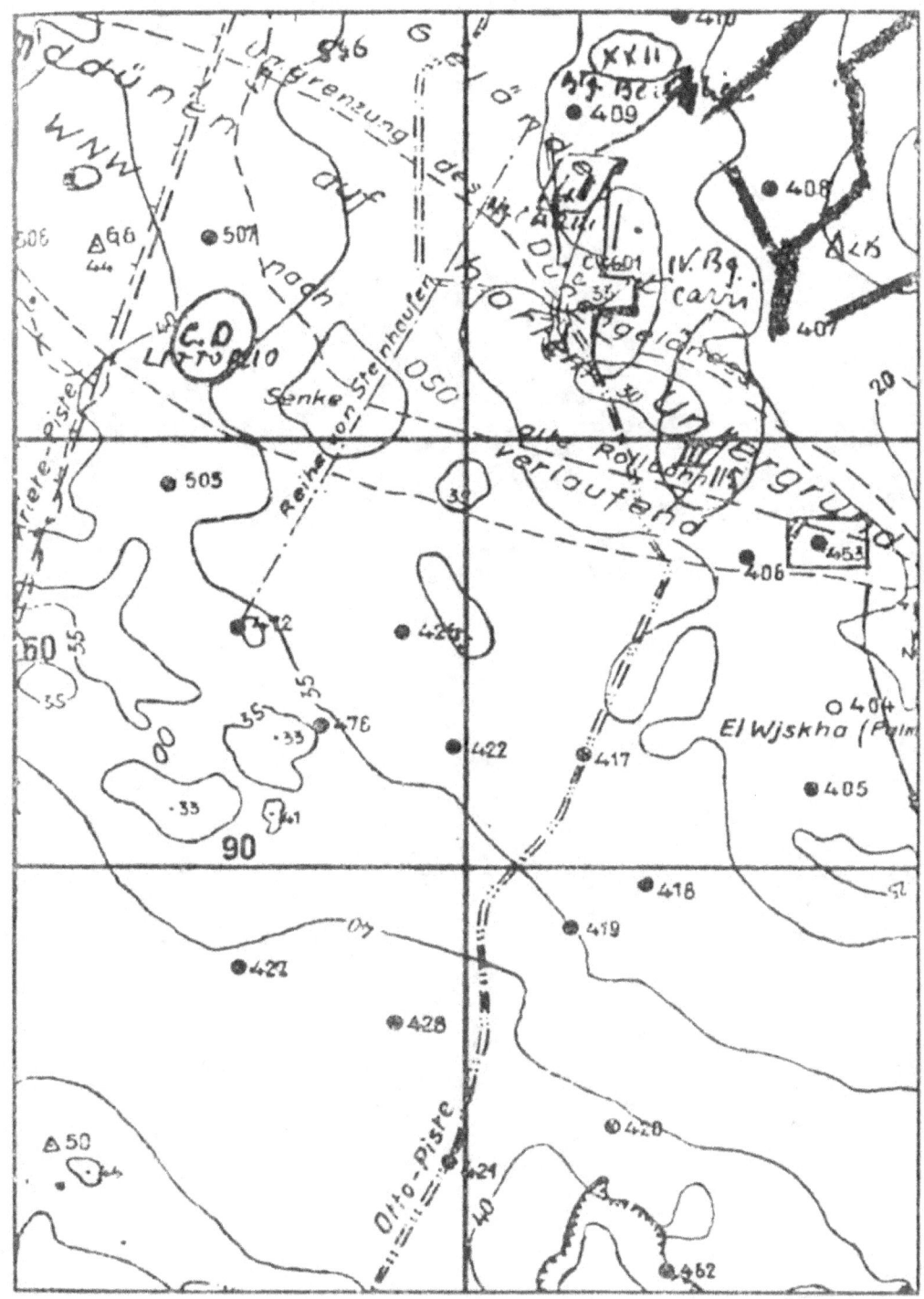

Schieramento presso Quota 33

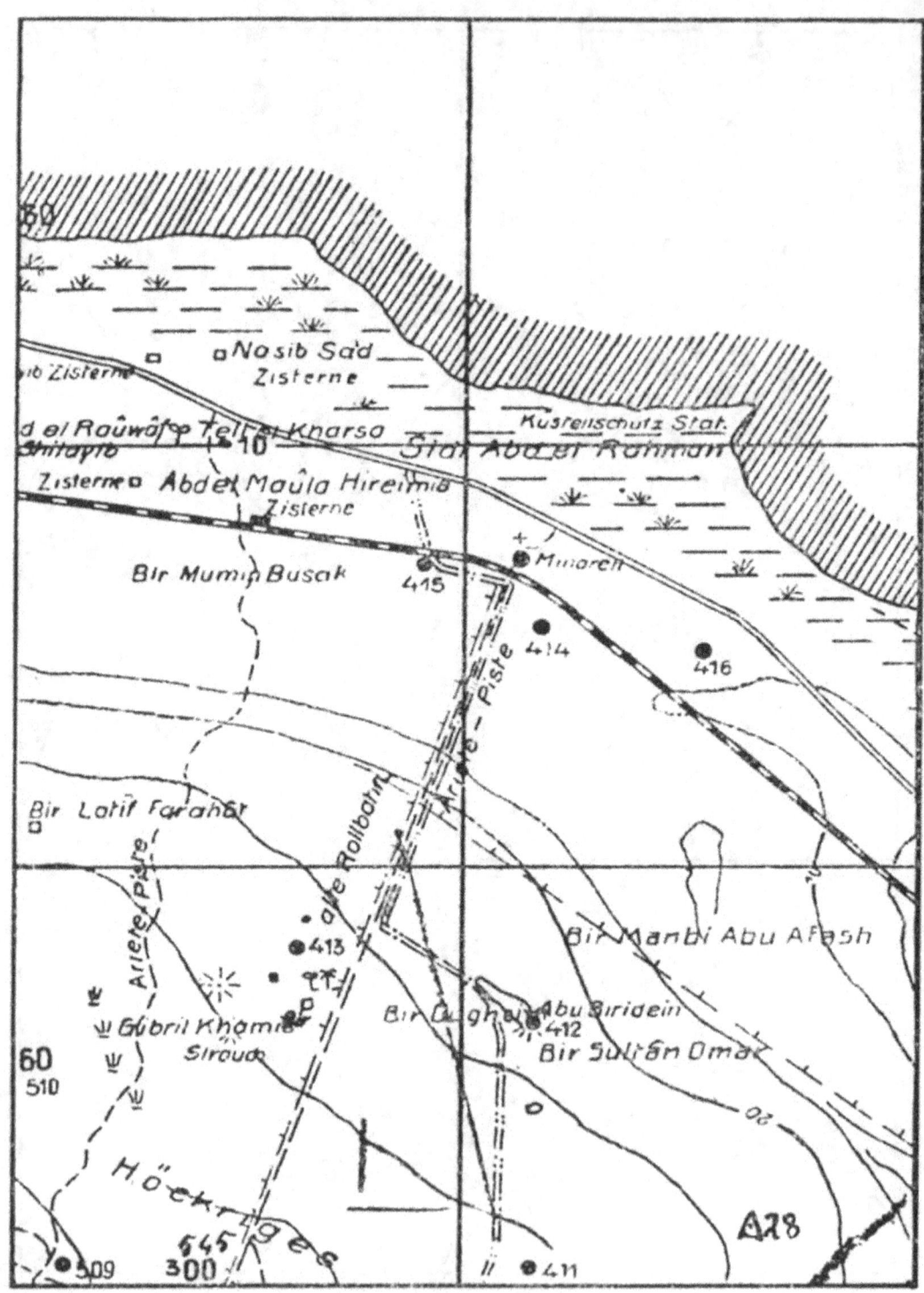

Zona dello schieramento prettamente tedesco

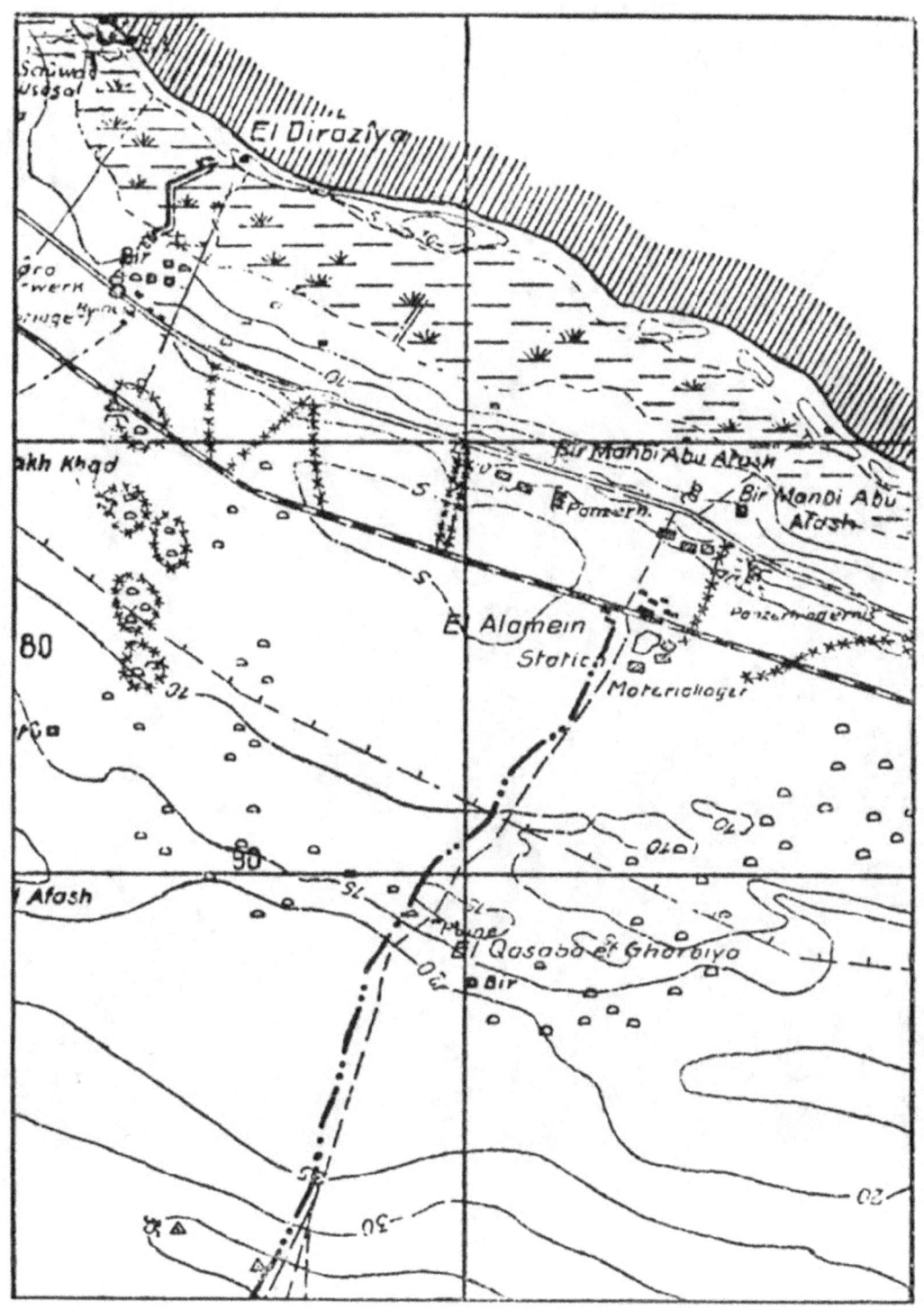

El Alamein

Africa settentrionale. Il generale Calvi di Bergolo, il colonnello Giaccone e un altro ufficiale

Dino Campini, Comandante il IV Btg. Carri M del 133° Rgt. Corazzato della Divisione "Littorio"

Il IV battaglione carri M14/41 a Pordenone

Africa settentrionale. Bersaglieri della Littorio

Africa settentrionale. Il tenente Mario Frajria

Il caporal maggiore Bruno Vito, pilota carrista

Africa settentrionale. Semoventi da 75/18 in azione

Semoventi da 75/18 in marcia

La "buca" a El Alamein

Il posto di medicazione e il tenente medico Vittorio Cervellati

Carri della Littorio a El Alamein

Carro Crusader distrutto a El Alamein

Africa settentrionale. Prigionieri australiani e neozelandesi

Africa settentrionale. Un ufficiale del IV medi nel deserto

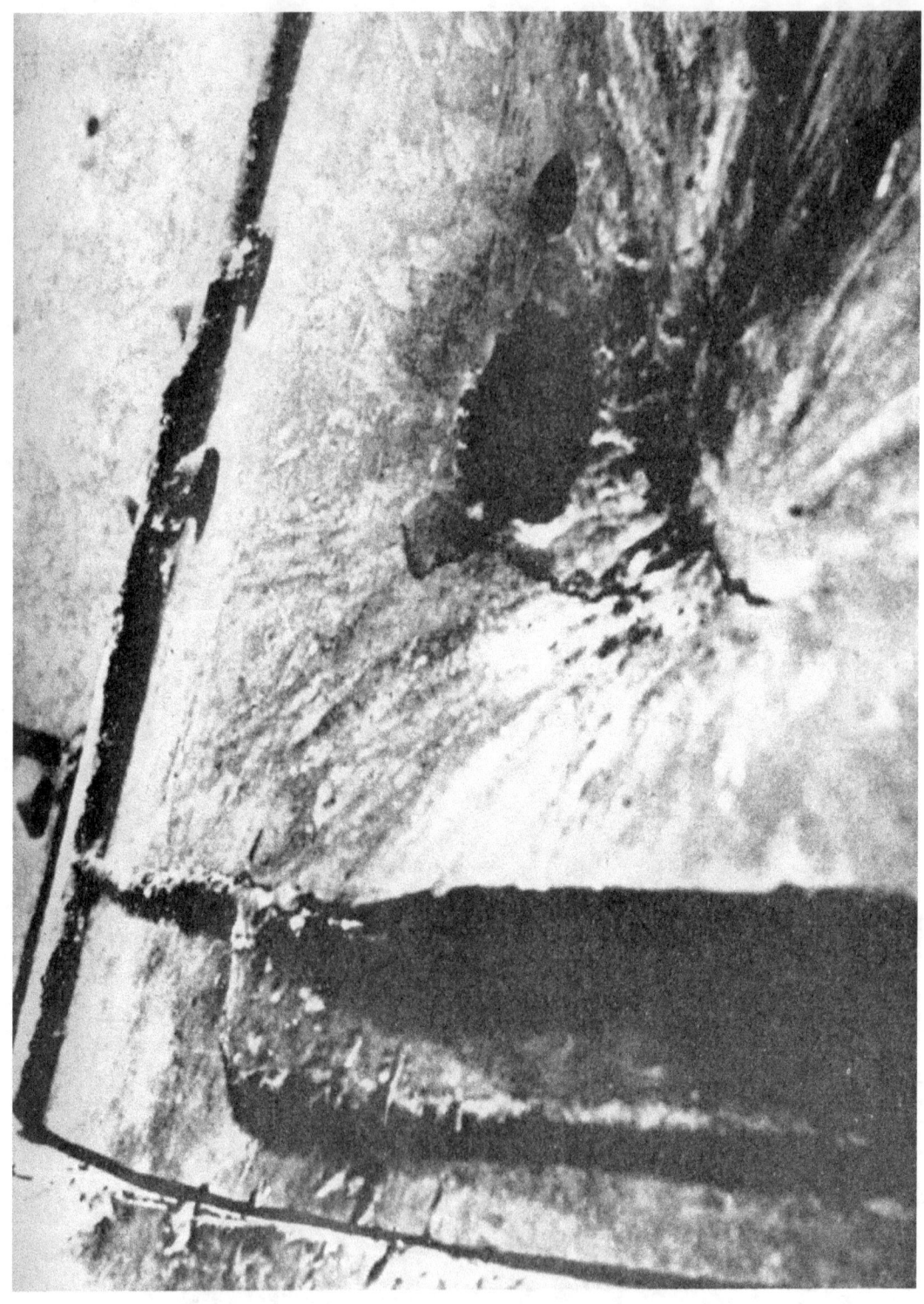
L'impatto di un perforante sulla corazzatura di un carro

Africa settentrionale. Carri della Littorio

Il sacrario dei caduti a El Alamein, opera dell'architetto Paolo Caccia Dominioni

LA DIVISIONE CORAZZATA "LITTORIO" E LE SUE UNITÀ CARRISTI

Alla dichiarazione delle ostilità, la Divisione Corazzata "Littorio" inquadra il 33° Reggimento Carristi, insieme al 12° Reggimento Bersaglieri, al 133° Reggimento Artiglieria Corazzata ed a unità minori. Il 33° rgt. cr. è su I, II, III, IV btg., dislocato tra PARMA e REGGIO EMILIA, con il IV btg. a Bologna dal dicembre 1940.

Nel giugno 1940 la Divisione, al comando del Gen. Gervasio Bitossi, viene inviata al fronte occidentale nel settore del MONCENISIO. Il 33° rgt.cr. è ad Aosta e prende parte con pochi reparti alla Battaglia delle Alpi.

Dopo l'armistizio con la FRANCIA, la divisione viene dislocata in LIGURIA ed il 33° è di stanza ad ARMA DI TAGGIA. Il Reggimento, riordinato su tre btg.: I (l'ex II), II (l'ex III), III (l'ex IV), dispone di 125 carri, dei quali 93 L, 24 L lanciafiamme e 8 M 13/40.

Alla fine di marzo del 1941, la "Littorio" è a TRIESTE quale riserva della 2ª Armata (Gen. Ambrosio) per le operazioni alla frontiera orientale. E' inquadrata, dapprima nel C.A. Autotrasportabile, e poi nel C.A. Speciale insieme alla D.f. "Piave" ed alla D.cor. "Centauro". Attraverso FIUME e POSTUMIA, si porta a MOSTAR, in ERZEGOVINA, e dopo a TREBINJE, in MONTENEGRO, dove s'incontra con la D.cor."Centauro" proveniente dall'ALBANIA.

Concluso il ciclo operativo in DALMAZIA, la Divisione rientra in ITALIA nella zona di PARMA - R.EMILIA, con il 33° a PARMA e il suo III btg. a BOLOGNA. Dà inizio al riordinamento ed alla sistemazione dei materiali e sviluppa una intensa attività addestrativa, specie nelle azioni di esplorazione risultate carenti alla prova dei fatti.

La fase riorganizzazione di protrae fino a tutto il mese di no-vembre del 1941. Il 17-6-41 la Divisione riceve assegnato il 133° Reggimento Carristi, destinato a sostituire il 33°. Nel luglio la Divisione si sposta nella zona di PORDENONE. In FRIULI i due reggimenti convivono in ambito divisionale, ma il 133° solo di nome, perché ha il Cdo rgt. a CASARSA e i due btg. sui quali si è contratto, uno a PISA (il I cr. L) alle dipen-denze della D.f. "Friuli" ed uno (il II cr. L) prima a CIVITA-VECCHIA e poi ad OLBIA inquadrato nella D.f. "Sabaudia".

Il 27 novembre il 33° Reggimento Carristi cessa di appartenere alla "Littorio" e passa al Comando della Zona Militare di PIACENZA con il comando di rgt. rientrato a PARMA.

Il 133° Reggimento Carristi, dapprima al comando del Col. Pietro Martinelli e poi del Ten. Col. Pietro Zuco, già Cte del 33° rgt. cr., ha il comando di rgt. a S. QUIRINO, il X btg. a S. LEONARDO, l'XI a ROVEREDO IN PIANO ed il XII a S. QUIRINO. Tutti i btg. sono dotati di carri M 13/40.

Nel dicembre 1941 la Divisione, sempre al comando del Gen. Bitossi, si trasferisce nell'Italia meridionale in vista di un prossimo invio in AFRICA. Dai Diari Storici al 1° gennaio 1942, è così dislocata:

   -Comando D., a POMPEI (NAPOLI);

   -12° Reggimento Bersaglieri, tra SALERNO e BATTIPAGLIA;

- 133° Reggimento Carristi, tra LECCE e BRINDISI (Cdo rgt. a SQUINZANO, X btg. a MESAGNE, XI btg. a FRANCA-VILLAFONTANA, XII btg. in procinto d'imbarcarsi per l'A.S.);

- 133° Reggimento Artiglieria Corazzata, a FOGGIA;

- altre unità divisionali, tra R.EMILIA, BENEVENTO, ROMA, PESCARA e SQUINZANO.

La maggior parte del personale viene trasferita in AFRICA con trasporto aereo, mentre i materiali viaggiano via mare. I primi a partire sono i battaglioni carristi, attesi con impazienza; con tanta impazienza che i carri del X btg., appena giunti oltremare, il 22 gennaio, passano alla D. cor. "Ariete", seguiti poi dal personale nel mese di aprile. In successione di tempo, a maggio, anche l'XI btg. lascia il reggimento perché ceduto alla D.f. "Trieste". Stessa sorte subiscono i carri di riserva, la compagnia c/a da 20 mm., reparti bersaglieri e di artiglieria.

Eventi dolorosi sono dati il 20 dicembre 1941 dall'affondamento delle motonavi "Fabio Filzi" e "Carlo Del Greco" con a bordo i carri del XII btg. e i materiali di un gruppo di artiglieria tedesco. Periscono 36 carristi. I superstiti ed il personale ancora a NAPOLI in attesa d'imbarco, vengono inviati a PARMA per la ricostruzione del battaglione. Anche la motonave "Victoria" è affondata; trasportava in A.S. il Comando del 12° Reggimento Bersaglieri ed il XXXVI Battaglione Bersaglieri della D. cor. "Littorio".

Come si è visto, la "Littorio", giunta in AFRICA, funziona da centro di rifornimento per le unità combattenti in CIRENAICA e in MARMARICA. In pratica, la Divisione viene smembrata a beneficio delle altre G.U., per cui ben pochi dei reparti compresi negli organici sono disponibili, nonostante le proteste e le richieste con le quali il Gen. Bitossi sottolinea con dolore questo stato di fatto.

Intanto, il personale del XII btg.cr. rientrato al Deposito del 133° rgt. cr. a PARMA, riceve in dotazione carri del tipo M 14/41 e il battaglione, così riorganizzato, in aprile è trasferito in A.S. ove si congiunge ad HOMS ai reparti superstiti del reggimento.

Nei mesi di febbraio e marzo del 1942 si provvede a ricostruire le formazioni, ma per quanto riguarda i carri solo il 1° giugno affluisce ad HOMS il LI Battaglione Carristi al comando del Ten. Col. Salvatore Zappalà. Subito dopo la Divisione riceve assegnato il Reggimento "Lancieri di Novara" su carri L.

Si profila l'impiego: a fine maggio Supercomando chiede le condizioni di efficienza. Il 1° giugno ha inizio il movimento verso AGEDABIA, distante 633 Km. da HOMS. Si avanza lungo la Via Balbia con enormi difficoltà per mancanza di autotraini, preché ceduti in precedenza ad altri reparti.

Si prosegue su BARCE. Il primo impatto col nemico lo ha il XII btg. che conta i primi Caduti e feriti; si è al 18 giugno.

Avanti su SIDI REZEGH.

La Divisione passa alle dipendenze d'impiego dell'Armata Co-razzata "Africa". Manca di molti reparti, tra cui un battaglione carristi, manca di acqua e carburanti e difetta di automezzi, in precedenza accentrati a disposizione dell'Intendenza la quale provvede, come può, allo spostamento di tutte le forze in CIRENAICA, sino alle zone d'impiego.

Questa penuria di mezzi di trasporto determina il grave inconveniente di privare le unità dei mezzi per muovere, proprio nei momenti più critici della lotta.

Il Gen. Rommel impartisce ordini verbali: "schierarsi fronte a Sud Est per parare possibili attacchi di una Brigata indiana che tenta di portarsi a TOBRUCH". I carri armati e un gruppo di artiglieria formano il 2° scaglione, sul tergo di due capisaldi di un Km. di raggio, distanti tra loro due km..

Respinto il 20 giugno il tentativo di attacco da Sud, la Divisione partecipa alla riconquista di TOBRUCH.

Inquadrata, ora, nel XX Corpo d'Armata (Gen. Baldissera), la "Littorio" riprende il movimento dietro l'"Ariete" e la "Trieste", in una situazione di mancanza di rifornimenti. Oltrepassa il giorno 24 giugno il confine libico-egiziano a Sud di BIR EL SCEFERSEN e si porta a BIR HABATA ove deve contrastare una incursione aerea nemica disponendo di solo due mitragliere c/a da 20 mm.

Il 25 giugno l'ordine di muovere, quale riserva di Armata, su MARSA MATRUCH distante 120 km.. I rifornimenti avvengono presso un deposito inglese evacuato, ma sottoposto ad intenso bombardamento.

Il giorno dopo si giunge a 30 km da MARSA MATRUCH. Durante un bombardamento è colpito a morte il Gen. Baldissera, Comandante del XX C.A.. Il movimento prosegue nei giorni 27 e 28 sotto l'incalzare di pressanti azioni di mitragliamento e spezzonamento aereo, costretti a cambiare continuamente direzione per evitare i campi minati. Data la minore velocità dei propri mezzi, avendo iniziato il movimento con anticipo, la Divisione pur trovandosi sovente isolata, respinge reiterati tentativi di attacco e cattura numerosi prigionieri, qualche automezzo e molte armi nemiche.

Il 29 il Gen. Rommel dispone che la "Littorio" venga affiancata sulla sinistra dal 580° Raggruppamento esplorante corazzato tedesco e sulla destra della 21ª Divisione corazzata tedesca. Ritenuto probabile lo scontro con la 7ª Divisione si articola su tre scaglioni: i carri del XXI e del LI btg. con il Cdo del 133° rgt. cr. formano il 2° scaglione, preceduto dal 1° scaglione del quale fanno parte il 12° rgt. b., i superstiti tre pezzi del 133° rgt. a. cor. e due carri L. L'autocarreggio è riunito nel 3° scaglione.

All'alba del 30 giugno il 1° scaglione, attaccato da carri armati inglesi, viene soccorso dal 2° scaglione, ma i mezzi inglesi sono più potenti e più veloci. Durante il combattimento perde la vita il Ten. Col. Salvatore Zappalà, Comandate del Li Battaglione Carristi, "sul rogo di ben undici dei suoi carri", conclude la motivazione della M.O. al V.M. concessa alla Sua memoria.

Nella stessa azione rimane gravemente ferito il Comandante del 133° Reggimento Carristi, Col. Zuco. Il comando del reggimento è assunto dall'Aiutante Maggiore in 1ª.

Dal Diario Storico della giornata del 30 giugno, si rileva che la superiorità dei mezzi e delle artiglierie nemiche da 75, fa conseguire all'avversario risultati schiaccianti.

I Carri si disimpegnano, si cerca di recuperare i feriti, ma mancano le autoambulanze. Le perdite sono di cento Caduti, venti carri armati, venti automezzi.

Nonostante tutto, la Divisione raggiunge il giorno dopo la zona di DEIR EL SHEIN, prende contatto con le Divisioni "Ariete" e "Trieste" e riceve i necessari rifornimenti,

In questa fase delle operazioni il 133° Reggimento Carristi ha in assegnazione il IV Battaglione Carristi. Questo Battaglione trova riscontro, peraltro molto sommario e senza riferimenti di sorta, nel volume "Le gloriose gesta dei Carristi" del Gen. Edoardo Scala, ma non è citato nei Diari della "Littorio" fino a tutto il 30 giugno 1942.

La raccolta dei Diari Storici della D. cor. "Littorio" non va oltre questa data. È da presumere che siano andati distrutti nelle fasi successive del conflitto.

A questo punto, si vorrebbe descrivere le vicende, gli eventi, le gesta dei Carristi inquadrati nei battaglioni che vogliamo ricordare. Per farlo sarebbe indispensabile seguire giorno dopo giorno i singoli reparti nei reggimenti e nelle divisioni delle quali sono passati a far parte ed hanno operato. Ma in questa sede non è possibile addentrarsi nei tanti e continui combattimenti che hanno continuato ad impegnare per cinque mesi, dal luglio al novembre 1942, gran parte delle forze in conflitto, su un fronte di così ampie proporzioni.

A noi non interessano l'occupazione dell'Egitto, il possesso del Canale di Suez e la conquista dei pozzi petroliferi del Medio Oriente. Vogliamo ricordare i nostri soldati, i nostri carristi impegnati in azioni dure, massacranti, sempre nell'incertezza dei risultati, condotte in un deserto del tutto inospitale, in un mare di sabbia, immenso, accecante e senza acqua. I nostri battaglioni ed anche le altre forze si dissolvono di giorno in giorno. Si combatte anche per plotoni, a volte a "scafo sotto", su fronti non ben determinati per le ampie sacche e le penetrazioni avversarie.

La notte dal 1° al 2 novembre l'evento decisivo. L'8ª Armata inglese attacca a massa con due divisioni in 1ª schiera. Dalle 10 del mattino al tardo pomeriggio del giorno 2, si volge la più feroce battaglia di carri armati.

È la fine della "Littorio" e dell'XI btg. cr. passato alla "Trieste". Rimangono 20 carri della "Littorio" e un centinaio dell'"Ariete", compresi quelli del X btg. già del 133° rgt. cr..

Si progetta una linea di resistenza che si trasforma in difesa ad oltranza. Il giorno 3 novembre 1942, quanto rimane dell'intero corpo Corazzato italo-tedesco si schiera. I carri nemici reiterano gli attacchi. L'"Ariete" impiega a massa i sui carri; alle ore 12 gliene rimangono 60. Questi 60 carri, insieme a 15 superstiti dell'Afrika Corps, alle ore 16 del giorno successivo, il 4 novembre, si trovano di fronte 700 carri armati inglesi che, da una distanza di circa 1000 metri, avanzano lentamente preceduti da una valanga di fuoco.

Tutti ubbidiscono con rassegnata umile fermezza e coraggio. Dopo due ore lo schieramento italiano è sopraffatto ed i pochi carri superstiti ripiegano isolati.

La nostra "Ariete" tenta l'ultima carta con un gruppo di combattimento costituito con gli scampati. Fu un sacrificio estremo: anche l'"Ariete", come la "Trento", la "Bologna", la "Folgore", la "Brescia", la "Pavia" e la "Littorio" scompare dall'ordinamento dell'Esercito Italiano.

Inizia la lunga ritirata di oltre 2000 km., attraverso la LIBIA e la TUNISIA, dove verrà scritta una nuova pagina di valore nell'inverno del 1942 e nella primavera del 1943.

«LITTORIO»: UNA SINTESI DI PURA GLORIA
DI ENZO DEL POZZO

Nell'iniziativa rivolta ai reparti «dimenticati», prioritario dovere è apparso il ricordare i battaglioni della Divisione Corazzata «Littorio» che operarono in A.S.

Battaglioni totalmente «dimenticati», poiché gli avvenimenti, di cui furono protagonisti, erano circondati da una inconcepibile solitudine spirituale, infittita dal terrore di resuscitare un nome ufficialmente bandito. La disattenta compilazione dei documenti ufficiali, la omissione o sparizione delle prescritte memorie storiche, completavano, infine, un quadro di voluto oblio. Nella ricerca sugli eventi dell'estate 1942, pur condotta con ogni interesse, non è stato facile individuare i singoli reparti, a causa del malvezzo di trascurare i nominativi delle unità e riferirsi solo al numero di carri presenti all'inizio o alla fine dei combattimenti o dei cicli operativi. Per i carristi si legge, infatti, «89 carri», e questo vuole indicare il glorioso 132° Reggimento Carristi all'inizio della battaglia di AIN EL GAZALA, o «120 carri» per quantificare la forza della Divisione Corazzata «Littorio» ad EL ALAMEIN, per chiudere il conto con la modesta cifra di «4 carri» al termine di una battaglia. Questo semplicistico procedimento, volutamente ignora gli ufficiali, i sottufficiali e i carristi che combatterono per il loro battaglione e la loro compagnia, anche se ridotti a pochi carri. Parimenti, nel doveroso obbligo di ricordare chi molto diede alla Patria, si è proceduto con indifferente disattenzione: la bandiera del 133° Carristi, in cui si esprimevano i Caduti, i feriti, le battaglie, i successi ed i sacrifici, è stata affidata ora al 10° Battaglione Carri, che solo all'atto dello sbarco in A.S. apparteneva alla «Littorio». Il nome di Salvatore Zappalà, decorato di Medaglia d'Oro al V.M. a MARSA MATRUH, è stato attribuito al 101° Battaglione Carri che, per quanto risulta, fu un battaglione di carri Renault brevemente impiegato in Sicilia. Il IV Battaglione, che ha annoverato nell'ultimo conflitto ben tre medaglie d'oro, di cui due in A.S., esiste nell'ambito della Brigata Corazzata «Centauro», essen-zialmente nel ricordo delle vicende balcaniche vissute nei ran-ghi del 31° Carristi. Ciò necessariamente premesso, sembra utile tracciare una quadro delle tormentose vicende che caratterizzarono la vita della Divisione dal momento del suo trasferimento nell'Italia meridionale, nel gennaio 1942, all'impiego in A.S..

È bene precisare che in quel tempo era una grande unità effi-ciente, reduce da un ciclo operativo in Balcania, con personale professionalmente preparato, saldo nello spirito ed ansioso d'intervenire in azione.

– Comando Divisione;

– 12° Reggimento Bersaglieri; – 133° Reggimento Carristi; – 133° Reggimento Artiglieria Corazzata;

– Unità divisionali.

Si iniziarono nel gennaio 1942 i trasferimenti che ebbero difficili vicende e perdite in mare di uomini e mezzi. Le prime aliquote della «Littorio» giunsero in A.S. dove, in un clima di confusa fretta, ebbe inizio la «cannibalizzazione» della grande unità. Le notizie che seguono sono eloquenti:

– 12 gennaio i carri del X Battaglione passano alla Divisione Corazzata «Ariete»;

– 27 gennaio la «Littorio» è posta alle dipendenze del Comando della Tripolitania, assume il centro Istruzione Carristi e un Raggruppamento Guardia di Finanza (?!);

– il 15 febbraio la «Littorio» ha il compito di costituire un Raggruppamento Celere A.S.

– 24 febbraio il personale della compagnia c/a del 133° passa all'«Ariete»;

– il 3 marzo l'XI Battaglione cede all'«Ariete» ben 42 autotraini per il trasporto di carri armati;

– il 18 marzo giungono in A.S. il Comando del 133° carristi e la 1^ Compagnia del XII battaglione. I carri si portano ad HOMS. I nuclei carri di riserva dell'XI e del XII sono assegnati all'«Ariete»;

– il 2 aprile l'XI Battaglione viene perduto perché ceduto alla Divisione «Trieste».

Questo per citare le sole sottrazioni operati nell'ambito delle unità carriste; ma anche le altre componenti della Divisione subirono la stessa sorte.

Il 1° maggio il XII battaglione, meno una compagnia già in posto, giunge ad HOMS (per fortuna sfugge all'attenzione degli Alti Comandi o nessuno ne aveva bisogno), costituendo così il primo reparto della «Littorio» operante in A.S.

Il 31 maggio Supercomando A.S. chiede di comunicare lo stato di efficienza della Divisione per il suo impiego.

Con questa domanda, ricca di umorismo, la «Littorio» viene ufficialmente posta alle dipendenze del XX Corpo d'Armata. Costituita, al momento, da due battaglioni del 12° reggimento Bersaglieri, da due compagnie del LI Battaglione Carri, da una batteria da 100/17, partecipa ai primi di giugno all'azione finale sui rovesci di TOBRUCH. A metà mese, lanciata in precarie condizioni logistiche all'inseguimento dei britannici in ritirata, è raggiunta dal XII Battaglione e dal gruppo Corazzato «Novara» su carri L6.

Articolata su due scaglioni, uno avanzato di bersaglieri e uno di manovra di carri, partecipa alla conquista di MARSA MA-TRUH. In questa azione il Ten. Col. Salvatore Zappalà, Comandante del LI cadde eroicamente alla testa dei suoi carri; alla Sua memoria fu decretata la Medaglia d'Oro al V.M. Alla fine del mese, superata FUKA dove può rifornirsi, la Divisione è raggiunta dal IV Battaglione. Il 133° Reggimento, finalmente riunito, è pronto a partecipare alla prima azione manovrata in direzione nord-est che inizierà il 1° luglio sui rovesci di EL ALAMEIN.

Ai primi giorni di luglio le forze italo-tedesche erano venute a contatto con le difese dell'avversario appoggiate all'organizzazione difensiva che prese il nome di EL ALAMEIN. Si trattava di opere intese a bloccare una fascia dell'ampiezza di circa 55 Km., che partiva, a nord dal GOLFO DEGLI ARABI, per appoggiarsi, a sud, alla depressione di EL QATTARA intransitabile fino all'oasi di SIWA.

La linea di arresto dell'avversario, non ancora del tutto irrigidita, aveva l'aspetto di un arco semiteso con la convessità verso occidente. La freccia era costituita da una linea equatoriale di rilievo da est ad ovest su cui si ancoravano i capisaldi già predisposti di DEIR EL SHEIN, EL RUWEISAT, ALAM EL HALFA. Al largo di questa linea, che proteggeva il fianco meridionale della difesa britannica, erano schierati, ad est e sud-est, grandi unità corazzate predisposte alla contromanovra.

Dal 30 giugno al 3 luglio venne attuata una manovra aggirante, analoga a quella di AIN EL GAZALA, con origine a sud e direzione generale nord-nord-est. I battaglioni della «Littorio» parteciparono a questa prima impegnativa azione a massa, che impose un fortissimo contributo di sangue e perdite di mezzi rilevantissime. Il XII rimase con soli 7 carri, il LI ne perse più di 20. Anche il IV subì perdite di cui non si conosce con precisione l'entità.

In queste azioni il Cap. Giupponi morì al comando della 3^ Compagnia del XII, meritando la Medaglia d'Argento al V.M.

Negli scontri violentissimi di quei giorni, l'«Ariete», in cui era inquadrato il X battaglione, fu completamente distrutta in un contrattacco condotto dalla 1^ Divisione Corazzata inglese.

Il 5, il 10, l'11 ed il 14 luglio i battaglioni carri della «Littorio» continuarono ad opporsi, unitamente a reparti corazzati germanici, ai violenti contrattacchi degli inglesi. Nella tarda sera del 15 parteciparono a duri combattimenti per la rioccupazione dei capisaldi di DEIR EL SHEIN e di EL RUWEISAT.

Fino al 27 proseguì con intensità la violenta azione difensiva inglese, che si concluse con l'irrigidimento e l'organizzazione del fronte di EL ALAMEIN. Per tutto l'agosto le unità italo-tedesche, pur sottoposte all'incalzante e predominante azione aerea avversaria, si potenziarono, armonizzarono procedimenti e capacità di azioni, preparandosi ad un futuro su cui poneva un'ipotetica terribile, il tempo; a favore dei britannici, a sfavore delle truppe italo-tedesche.

Il 30 agosto scattò l'ora dell'ultima possibilità. Il XX Corpo d'Armata italiano, composto dalle Divisioni «Ariete», «Littorio» e «Trieste», unitamente alle Divisioni del Corpo tedesco d'Africa (21ª e 15ª corazzate, 90ª leggera) era pronto ad iniziare quella che venne poi chiamata la battaglia di ALAM EL HALFA.

Nella giornata di dura prova, la «Littorio» si presentò con struttura quantitativamente completa, anche se qualitativamente inferiore come prestazioni di carri. Ai superiori mezzi dell'avversario (Sherman e Grant, con pezzi da 75 e capacità d'intervento a partire dai 1500 metri), si opponevano i nostri carri con un modesto armamento.

Erano operativamente disponibili:

– Comando Divisione;

– Gruppo Corazzato «Lancieri di Novara»;

– 133° Reggimento Carristi, su: Comando rgt. e Compagnia c/a da 20 mm.; IV Battaglione Carri M.; XII Battaglione Carri M; LI Battaglione Carri M;

– 12 reggimento Bersaglieri, su: Comando rgt; XXIII Battaglione Bersaglieri; XXXIV Battaglione Bersaglieri; XXI Battaglione Bersaglieri Controcarro

– Artiglieria organica: II Gruppo da 75/27; DLIV Gruppo Se-movente da 75/18; DLVI Gruppo Semovente da 75/18;

– Artiglieria in rinforzo: Comando 3° Reggimento Artiglieria Celere; CCCXXI Gruppo bis da 100/17; XXIX Gruppo da 88/55;

– Compagnia Mista Genio;

– Sezione di Sanità;

– 133ª Sezione di Sussistenza.

A questa generosa azione, condotta con fortissima disperata volontà da tutte le unità, mancò la fortuna, la sorpresa, lo spazio. Furono tre giorni, nel corso dei quali estesi ed imprevedibili campi minati, «i giardini del diavolo», come li definì il Cap. Campini, ultimo e valoroso Comandante del IV Battaglione, ritardarono, oltre l'accettabile, la progressione delle unità.

L'aviazione avversaria dispose di un dominio del cielo presso-ché incontrastato, che consentì di individuare direttrici ed intendimenti e di logorare massicciamente il movimento, che non conseguì apprezzabili risultati. La «Littorio» tuttavia – avvenimento ignorato – unica grande unità italiana, riuscì a raggiungere, unitamente alla 90ª Divisione Leggera germanica, la zona di ALAM EL HALFA a 20 Km. dal mare. Questo momento magico non fu sfruttato dal Gen. Rommel, in quanto, oltre alle incidenze operative, la disponibilità di carburante non consentiva di continuare spregiudicatamente l'azione. La sera del 3 fu dato l'ordine di ripiegamento, che avvenne ordinato pur sotto il martellamento aereo. A sera, il sogno e la speranza di raggiungere il delta del Nilo si conclusero per sempre. Nel settembre e nell'ottobre tutte le attività furono rivolte al completamento dell'organizzazione della linea di EL ALAMEIN, alla più appropriata ripartizione delle forze, in fronte e profondità, per contenere, assorbire, arrestare, il sicuro grande attacco inglese. Le forze di fanteria italo-tedesche furono articolate in due settori:

– XXI Corpo d'Armata, settore nord; dal mare alla depressione di EL MIREIR inclusa;

– X Corpo d'Armata, settore sud: dalla predetta linea a QARET EL HIMEIMAT.

Le forze motocorazzate erano articolate in due blocchi:

– «Littorio» e 15ª Corazzata germanica nel settore nord;

– «Ariete» e 21ª Corazzata germanica nel settore sud.

La battaglia ebbe inizio il 23 ottobre e si scatenò con straordinaria violenza. Non è possibile tentare una descrizione di dettaglio che certamente dimenticherebbe il sacrificio di molti. Ebbe, in un primo tempo, vicende alterne e dopo un tentativo fallito di sfondamento a sud, venne esercitato lo sforzo principale a nord da cinque divisioni di fanteria del XXX Corpo d'Armata britannico, sostenuto dalla 1ª e 10ª Divisione del X Corpo corazzato. Ricordiamo che mentre le divisioni italiane annoveravano la forza di 7.000 uomini, quelle del Regno Unito contavano ben 16.000 effettivi. Le artiglierie divisionali raggiungevano al massimo i 48 pezzi per gli italiani, contro i 72 dei britannici ed i carri armati erano nel numero di 497 per gli italo-tedeschi, di cui solo 38 armati di pezzi da 75, a fronte dei 1348 britannici, di cui 531 Sherman e Grant, con pezzi da 75. Le autoblindo bri-tanniche erano 500, contro poche decine delle nostre. La superiorità aerea dell'avversario era nell'ordine di 4 a 1. La «Littorio», si è detto, era schierata a sostegno del settore nord sul quale venne portato lo sforzo principale e nel quale venne spesa, nel corso della battaglia, tutta la capacità operativa delle riserve motocorazzate.

In dieci giorni i carri della «Littorio» furono distrutti fino all'ultimo equipaggio. Ricordo i dati, unici in mio possesso, relativi al IV Battaglione che chiuse la sua partecipazione alla battaglia con 30 Caduti, 36 dispersi e arsi nei carri, 49 feriti, per un totale di 115 perdite, su una forza complessiva di meno di 200 uomini. Il veterano Ten. Col. Campini così concluse la storia del IV, nel suo libro «I giardini del diavolo»: «Il IV non venne accerchiato e nemmeno sopraffatto e nel luogo della sua fine il nemico non era venuto avanti. I suoi uomini erano soldati che avevano superato il comune coraggio, raggiungendo la fase dell'audacia fredda e ragionata, la più difficile. Erano limpidi, valorosi, capaci di soffrire».

Pari sorte toccò al XII; il 27 ottobre il battaglione contrattaccò, ripristinando la situazione sull'importante caposaldo di KIDNEY. Il 1° novembre ad est di TELL EL AQQAQIR, ridotto a 7 carri, continuò a contrattaccare; il 2 novembre il XII non esisteva più.

Il LI, di cui sono scarse le notizie, bravamente combatté a EL RUWEISAT. Tra il 23 ottobre e il 5 novembre scomparve nella sua ultima battaglia.

Questa cronaca, faticosa perché desunta da notizie incomplete, triste perché riferita a sacrifici ignoti, giunge alla sua fine.

La seconda controffensiva italo-tedesca, partita in gennaio, rimane nella storia militare di tutti i tempi come la splendida affermazione di un grande condottiero: Rommel. Egli creò i suoi combattenti tedeschi e italiani e li portò attraverso audacissime manovre a sconfiggere sempre un nemico più forte. Tutto finì nei dieci giorni di EL ALAMEIN, in una battaglia di giganti, in cui l'eroismo di tutti, indipendentemente dal grado e dalla nazionalità, impose presenza nella storia e diritto al ricordo.

Un ricordo che noi, per la nostra parte, per i carristi della «Littorio», presentiamo come richiesta di cancellazione del vergognoso silenzio che offende e diminuisce la Nazione, lo Stato, la Patria, nei riguardi di cittadini e figli che compirono il loro dovere.

Le poche notizie inserite in queste note, le uniche vive che precisano nome e fatti, sono venute da reduci dei battaglioni. In particolare, ringrazio per il LI il Serg. magg. Carlo Macchi, e il Serg. magg. Raoul Ridolfi per il XII, il Carrista Gianni Ingoglia alla cui fervida passione dobbiamo lo stimolo all'iniziativa di questo raduno ed il Gen. Nicola Scatigna che ha ricostruito le vicende del IV. I primi testi consultati sono stati le memorie storiche del Comando Divisione «Littorio» che stranamente... si chiudono il 30 giugno, e cioè all'inizio dell'impiego. Notizie sono state tratte dal volume «Giardini del diavolo» del Ten. Col. Campini. Una guida logica ed autorevole è stato il volume «Guerra senz'odio» del Maresciallo Rommel edito da Garzanti. Altri dati sono stati desunti dal saggio «El Alamein» di Brian Bond.

Sono state le consultate anche le pubblicazioni dello Stato Maggiore dell'Esercito – Ufficio Storico, «Seconda controffensiva italo-tedesca in A.S.» e «Terza offensiva britannica in A.S. La battaglia di El Alamein».

Non ho apprezzato questi volumi. Scrisse Talleyrand, a prefa-zione di una storia di Francia in cui era stato tra i protagonisti: «Non biasimo né approvo: narro». È quanto manca in questa documentazione in cui apprezzamenti e giudizi retrospettivi abbondano a scapito del reale, aspro susseguirsi degli eventi.

In queste pagine che ho letto, con crescente diffidenza non vi è che una demolizione meschina, continua, antistorica della figura di Rommel. Un giudizio che si definisce e configura nelle parole scritte alle pagine 194 del citato volume «Terza offensiva britannica in A.S. La battaglia di El Alamein» che travisa e sminuisce avvenimenti grandiosi: «L'ordine di resistere ad oltranza» impartito il 3 novembre dalle autorità politiche compromise in modo grave ed irreparabile la salvezza di quanto a quella data era ancora efficiente e valido e ridusse notevolmente la capacità combattiva dell'Armata Corazzata Italo-Tedesca (A.C.I.T.). Comunque è da ritenere che quell'ordine non fosse la causa determinante della sconfitta che questa era insita nelle condizioni strategiche tattiche e logistiche nelle quali l'Armata italo-tedesca affrontò la battaglia. Queste condizioni erano, nel loro complesso, tali che l'esser riusciti a tener fronte all'avversario per dodici giorni ed a contendergli il passo malgrado la sua schiacciante superiorità materiale, costituisce di per sé titolo d'onore – che va doverosamente ed obiettivamente riconosciuto – per le armi italiane e tedesche. «Un titolo d'onore così meritatamente conseguito da ingenerare la supposizione che, malgrado l'enorme divario dei mezzi e le condizioni generali alle quali si è accennato, l'esito della battaglia avrebbe anche potuto essere sostanzialmente diverso e diametralmente opposto se il Comandante dell'A.C.I.T. avesse affrontato la lotta con minor sfiducia e avesse sfoggiato, nella condotta delle operazioni difensive su posizioni organizzate, quelle stesse doti di sagace ed ardito manovratore delle quali aveva dato ampie prove nello sviluppo di azioni tattiche in terreno libero.»

È poi palese la mancanza di logica e obiettività, ancora a pagina 291 del volume già citato «Seconda controffensiva italo-tedesca in A.S.», in cui l'estensore attribuisce alla mancata sostituzione del Maresciallo Rommel con il Maresciallo Kesselring, l'insuccesso della battaglia di ALAM EL HALFA.

Credo sia evidente che ALAM EL HALFA e EL ALAMEIN poi, siano state il frutto primo della battaglia aerea sul Mediterraneo di cui Kesselring era il gestore. Nel concludere queste notazioni, dei cui limiti sono chiaramente consapevole, desidero esprimere il senso di commozione e rispetto con cui mi sono avvicinato a queste memorie ed agli uomini che sono stati protagonisti di così forti vicende. Non ho citato nomi, perché tutti furono pari nel coraggio, nella dedizione, nel sacrificio. Questa nostra celebrazione, io spero, sarà occasione e momento spirituale per sollecitare alle somme Autorità dello Stato, della Difesa, dell'Esercito, il desiderio che sentiamo di rivedere l'identità dei battaglioni d'Africa della «Littorio» nei ranghi delle attuali formazioni carri.

LA DIVISIONE LITTORIO
DAL GIUGNO ALL'OTTOBRE 1942
DEL GENERALE GIOVAN BATTISTA ARISTA

Presentiamo questo scritto, compilato dal carrista generale G. Battista Arista e approvato dal generale Bitossi, comandante della "Littorio" prima in Spagna e successivamente in Africa Settentrionale.

Dopo che i battaglioni X e XI M. 13/40 vennero assegnati rispettivamente all'«Ariete» e alla «Trieste», la «Littorio» fu ricostituita con i complementi provenienti dall'Italia.

OFFENSIVA IN EGITTO

Il 9 giugno 1942, quando il comando superiore in A.S. ordinò l'autotrasporto della div. cr. Littorio da Homs, per la Cirenaica, non era ancora stata riconquistata Ain Gazala. Nelle giornate dal 10 al 17 giugno progredendo i successi sulla fronte, il Supercomando, con successivi ordini, fece fare una serie di sbalzi alla testa della divisione corrispondenti alle zone di Agedabia, Barce, Fonte Mara, Ain Gazala. Il 19 giugno era in corso l'attacco di Tobruk. Non era ancora nelle previsioni del comando superiore che la divisione Littorio fosse destinata a far parte del primo scaglione dell'armata d'invasione dell'Egitto, come avvenne.

È da ritenere che il Supercomando abbia messo i reparti della Littorio in corso di arrivo, a disposizione del comando delle forze operative, perché le usasse in relazione alla loro consistenza e specialmente in rispetto alle loro possibilità logistiche ed al loro afflusso in corso.

Era infatti noto che la maggior parte della divisione era ben lontana dalla zona di Ain Gazala e che alla Littorio in A.S. mancavano in modo assoluto gli attributi essenziali che distinguono una Grande Unità qualsiasi. Il successo delle operazioni su Tobruk fece intravedere però prospettive strategiche di portata decisiva e la Littorio, priva di qualsiasi elemento di «servizi divisionali», quasi priva di artiglieria e ancora disseminata tra la Cirenaica e la Tripolitania, fu impiegata alla pari delle altre, senza tener conto della precaria sua consistenza.

Il 20 giugno, la Littorio entra così in azione presso Sidi Rezeg, sostituendo la divisione Ariete che doveva fare una conversione e portarsi insieme alle altre forze all'investimento della piazza di Tobruk. Il primo compito della Littorio era quello di proteggere il tergo dello schieramento e nello stesso tempo con leggere pressioni doveva dare agli inglesi la ingannevole sensazione che si sarebbe ripetuta la operazione dell'anno precedente, azione intesa a lasciare Tobruk investita ed a proseguire su Bardia.

Nel pomeriggio del 20 vi fu un attacco contro la Littorio da parte di una brigata indiana sopravveniente dal sud, l'attacco fu stroncato sul nascere; ma il tiro d'artiglieria avversario fu particolarmente esiziale per le esigue batterie di cui disponeva la divisione tenuto anche conto dei deterioramenti del materiale dovuti a lunghissimo trasferimento fatto per v.o.

Alle ore 18,30 del 21 giugno un radio messaggio del comando di armata ordinava il passaggio della Littorio alle dipendenze del XX C.d.A.; contemporaneamente ordinava alla Littorio di occupare la zona a sud-ovest di Gambut tra Bir Sciaf-Sciuf e Bir el Cleta.

Il comando della divisione rappresentò la critica situazione logistica tanto più preoccupante quanto più la divisione veniva spinta verso sud, lontana dalla litoranea e senza mezzi di vita; ma già cominciava lo sfruttamento del successo. Appena preso lo schieramento in zona Sciaf-Sciuf il 22 giugno sopravvenne l'ordine di spostarsi in zona Gabre-Sale con fronte est e sud. Nella notte venne attuato il movimento ed assunto lo schieramento. Questi spostamenti ordinati perentoriamente costituivano per i reparti della Littorio onerose operazioni e criticissime situazioni rispetto al nemico. L'armamento dei btg.ni bersaglieri era infatti un armamento per azione di arresto, i pezzi da 47 erano trasportati sopra gli autocarri ed ogni schieramento doveva essere trainato a braccia e appostato previa ripartizione delle forze per la formazione di capisaldi nei quali i plotoni mitraglieri e fucili mitragliatori si decomponevano per affiancarsi alle armi di arresto. Il rapido diminuire degli autocarri aumentava le difficoltà. Intanto nessun rifornimento giungeva da tergo ed il 23 giugno si dovette centellinare le ultime scorte. Il comando del C. d'A. ordinò qualche passaggio di viveri a secco dalla divisione Ariete; ma l'acqua ed i carburanti erano elementi così preziosi che non fu possibile ottenere cessioni dalle altre Grandi Unità.

Alle ore 12 del 23 giugno il comandante del XX C. d'A. ordinò di muoversi subito per la zona di Caret Umm Tnascem Alem (ancora 60 Km. di deserto). La divisione arrivò alle ore 21 nella nuova zona e mentre si disponeva a capisaldi le pervenne un radio del XX C. d'A. con l'ordine di portarsi subito al «varco» sul confine che fu indicato col sistema della linea «stross». Al mattino del 24 giugno la divisione varcava il confine dopo una difficile navigazione nel deserto resa più avventurosa dalla scarsezza dei carburanti, dell'acqua e dei viveri. Tutte le risorse che la previdente organizzazione divisionale aveva portato al seguito dei reparti, stavano per esaurirsi. Nella breve sosta di due ore concessa al di là del confine, si provvide ad una equiparazione delle scorte di carburante per mettere allo stesso grado di autonomia tutti i mezzi e si rappresentò al comandante dei C.d'A. che al massimo la divisione poteva compiere altri 60 Km. Al mattino del 24 le divisioni Ariete, Trieste e Littorio riprendevano la avanzata verso sud-est per la zona di Bir Habata. Nonostante tulle le ripercussioni del movimento della Trieste e dell'Ariete complicato dalla presenza della linea ferroviaria ed ai campi minati, la Littorio giunse alla posizione prestabilita presso la stazione di Bir Habata dopo una serie ininterrotta di spostamenti fatti in condizioni faticosissime per la mancanza di ristoro e soprattutto di acqua. I corpi del confine egiziano avevano bensì inviato mezzi idrici e recipienti a Bardia per rifornirsi di acqua e di carburante ma il Comando di C.d'A. aveva fatto immediata premura alla divisione di proseguire senza attendere il ritorno e ne conseguì che la divisione riprese il movimento priva anche dei preziosi automezzi e recipienti che non rientrarono alla divisione che dopo molti giorni, quando i danni erano dolorosamente subiti.

La notte sul 25 fu particolarmente attiva per l'aviazione nemica che indisturbata per l'assenza assoluta di difesa contraerea, si sbizzarrì con spezzonamento e mitragliamenti sulla Littorio al chiarore di bengaloni a paracadute e degli autocarri incendiati. Le perdite furono notevoli per la mancanza di difesa e per la presenza di campi minati che obbligarono i reparti a contenersi in spazi ristretti. Venne a mancare anche il riposo che sarebbe stato necessario date le privazioni di alimentazioni; ma all'alba il morale era altissimo; la ripresa dell'avanzata ad ogni costo stava però per urtare nell'impossibilità materiale insite nella situazione di partenza sin da Tobruk.

La mattina del 25 fu impiegata per il definitivo deflusso delle divisioni Ariete e Trieste dopo il quale fu possibile il riordina-mento della Littorio liberata dalle strettoie dei campi minati, della ferrovia e dai relitti della distruzione aerea.

Nel pomeriggio il comandante della divisione fu chiamato al comando del C.d'A. ed ebbe la comunicazione che da quel mo-mento cessava la dipendenza dal C.d'A. Con questa cessazione il C.d'A. ritirò la promessa fatta di qualche assegnazione di reparti del genio e d'artiglieria e svanì la speranza di qualche aiuto eventuale forzato delle divisioni italiane. Fu mantenuta soltanto per ordine superiore l'assegnazione del gruppo da 100/17 della divisione Trieste.

Così la divisione Littorio dal giorno 19 cambiava dipendenza per la terza volta senza essere mai praticamente ascoltata in linea logistica mentre in linea operativa aveva attuato uno dopo l'altro ordini perentori che mettevano ad improvvisa prova la sua manovrabilità ed il suo spirito. Anche questa volta la Littorio fu semplicemente messa in libertà sebbene il Maresciallo Rommel avesse ordinato di renderla pronta a partire immediatamente.

Alle ore 17,35 un marconigramma (n. 30) del A.O.K. ordina alla Littorio di spostarsi nell'interno verso est per circa 120 km. ed aggiunge «...colà quale riserva d'armata; serbatoi pieni, pronta a sfruttare immediatamente eventuali successi. Rommel».

Il momento era grave per la sufficienza irreale della Littorio sulla quale il Maresciallo riteneva poter contare per il prose-guimento delle operazioni. La divisione non era assolutamente in grado di ottemperare all'ordine perché, a parte l'acqua mancante, il carburante non permetteva di spostarsi per più di una trentina di km. durante i quali avrebbe dovuto abbandonare gli automezzi via via che sarebbero rimasti all'asciutto.

Il comando superiore italiano era a Gonte Mara (Derna) fuori di portata, l'Intendenza anche; le distanze erano aumentate ed aumentavano in modo insospettato ed imprevisto. L'allungamento della divisione Littorio era iperbolico, i servizi e le artiglierie erano ancora in Italia. Tutto ciò era noto e notificato quasi giorno per giorno al supercomando italiano per tramite del generale di collegamento con il comando tedesco.

La criticissima situazione del 25 giugno ebbe la seguente strana e miracolosa soluzione: il comandante della divisione mise in movimento la Littorio sulla direzione giusta dell'obiettivo fissato indi ne affidò il comando al generale vice-comandante. Personalmente, con una scorta, si portò al comando del C.d'A. ed espose all'Ecc. Baldassarre in termini espliciti lo stato insostenibile delle cose significando che questo si era aggravato negli ultimi giorni ed era giunto all'attuale punto critico nel momento in cui la divisione cessava dalle dipendenze del

XX C.d'A Allora, per puro caso, emerse che una comunicazione circolare inviata dal C.d'A., alle divisioni, non era stata trasmessa dal C. del C.d'A. quella mattina alla divisione Littorio. Tale comunicazione, estremamente interessante, segnalava la presenza di uno estesissimo deposito inglese in parte in preda alle fiamme lungo la ferrovia e nel quale era possibili rifornirsi di tutto.

Si distingueva infatti quella sera un lontano incendio alimentato ormai continuamente dall'aviazione avversaria. Si trattava appunto dei magazzini di Sidi Amed el Garrari indicati dal C.d'A., e su quelli solo si poteva fare assegnamento per rifornirsi. Al bagliore degli incendi e sotto l'imperversare del bombardamento inglese fu fatta nella notte una sommaria ricognizione di ciò che poteva ricuperarsi: i depositi erano ricchissimi e vastissimi: la divisione Littorio, all'alba del 26 ne organizzò lo sfruttamento sistematico e celerissimo. Tra i padiglioni fumanti e detonanti i reparti con rischio grave e non senza perdite trovarono largamente di tutto ciò che loro mancava. La situazione era migliorata anche per il rinforzo del gruppo da 100 ed uno squadrone di carri L. 6.

Alle ore 17 la divisione attuava il proprio schieramento secondo ulteriori ordini radio ricevuti durante l'avanzata. Un bombardamento aereo causò la morte dell'Ecc. il generale Baldassarre e di altri generali e colonnelli del XX C. d'A.

Alle ore 7 del 27 giugno la div. riceve ordine di marciare in formazione molto spaziata verso una località senza nome indicata con la «linea tross». Attraverso frequenti spezzonamenti e mitragliamenti aerei tra gli interminabili campi minati e guidati da successivi ordini la div. procedette in varie colonne. I combattimenti si accendevano improvvisamente e subito erano soffocati dall'immediato irresistibile sopravvenire di altri reparti. Si sentiva di operare agli ordini di un arditissimo giocatore. In zona di arrivo, successive indicazioni e modificazioni determinarono il nuovo schieramento a capisaldi nell'interno dei quali si trova anche il comando tattico del Maresciallo.

Si trattava in sostanza di far fronte in tutte le direzioni ma sostanzialmente di impedire alle forze di Marsa Matruk di congiungersi con quelle a sud del nostre schieramento che le aveva arditamente divise dopo averle battute.

Nella notte fra il 27 ed il 28 il nemico tentò di rompere la nostra occupazione ed alcune puntate minacciarono da vicino la sede del Maresciallo che era a pochissime centinaia di metri dalle armi avanzate; i bersaglieri del 12° resero vani gli attacchi del nemico al quale vennero catturati in azioni notturne camionette e decine di prigionieri, incendiato carri armati, distrutto altre due camionette. Anche l'aviazione inglese fu ininterrottamente sulla nostra posizione in quella notte di fuoco con aumento di perdite in uomini e materiali.

L'obiettivo che venne assegnato alla Littorio verso il mezzo-giorno del 28 aveva una evidente importanza: si trattava di sbarrare la rotabile per impedire alle forze nemiche battute a Marsa Matruk e ritirarsi verso est. Il Maresciallo disegnò sulla carta del comandante della divisione un «ovulo» a cavallo della litoranea immediatamente ad ovest di Fuka; l'occupazione doveva spingersi al mare e far fronte come sempre, da tutte le parti con speciale compito di sbarramento delle provenienze di Marsa Matruk. Un marconigramma di Rommel veniva diramato ovunque.

«Tutti i reparti appartenenti alla Littorio siano immediatamente fatti marciare nella zona di Fuka» ma il XII btg. carri M. e gran parte del LI btg. marciavano ancora assai lontano e indietro sulla via Balbia senza speranza di raggiungere la testa della divisione che avanzava senza tregua nell'interno.

A destra e a sinistra della Littorio avrebbero dovuto muovere unità tedesche in parallelo e in collegamento a vista; sennonché, come sempre, la divisione italiana capace soltanto di una velocità di 7 km. l'ora come massimo, in terreno buono, iniziava il movimento alcune ore prima di quelle tedesche che marciavano a 20 km. e più, per arrivare sull'obiettivo contemporaneamente ad esse.

La Littorio manovrava dal 20 giugno quasi senta interruzione ed ora si avventurava da sola mentre le divisioni tedesche avevano possibilità di riposo.

Così anche il giorno 28 giugno la Littorio prose la punta in direzione di Fuka mantenendosi sul gradino dominante la fascia litoranea. L'anticipo sui tedeschi dava anche modo di disporre di qualche tempo per lo sfruttamento delle risorse idriche locali, infatti i reparti spinsero autodrappelli ai posti d'acqua non lontani dalla direttrice di movimento compatibilmente anche ai pochissimi mezzi disponibili. Non erano infatti rientrati gli automezzi e i recipienti staccati il giorno 24 con la colonna di rifornimenti inviata a Bardia e le scorte d'acqua improvvisate il 26 al deposito inglese di El Carrari erano pressoché finite. Le puntate ai posti d'acqua fruttarono scontri con camionette e nuclei vaganti nemici in imboscate, che talvolta dovettero essere messe in fuga con impiego di carri armati. Nella notte del 28 e nella notte seguente la Littorio funzionò da scandaglio esplorante arditissimo che precedeva lo scaglione corazzato tedesco e la divisione riuscì a completare per conto proprio, nonostante gli scontri e gli agguati, e prima dei tedeschi attuò l'occupazione esattamente in conformità delle prescrizioni del Maresciallo.

All'alba del 29 si ebbero subito nella fitta nebbia tafferugli sanguinosi e, fatto giorno, la divisione si trovò in mezzo agli inglesi; ma le provenienze da ovest e da est e la rotabile stessa erano già da noi fortemente sbarrate nella notte e il nemico ne fu sorpreso.

I tentativi inglesi di forzare il passaggio da Marsa Matruk verso est s'infransero contro i bersaglieri, i carri armati e i pochi pezzi della Littorio furono tutti respinti con sanguinose perdite per gli assalitori che lasciarono nelle nostre mani centinaia di prigionieri con grandi quantità di materiali specialmente automobilistici. Una puntata fatta dai bersaglieri su Sidi Haneisch accertò la località sgombra.

Quel mattino giunse un radio laudativo del Maresciallo Rommel «n. 59 – per l'andamento delle operazioni la mia approvazione alla divisione Littorio. Comunicare le vostre condizioni in fatto di acqua e benzina. Rommel – ».

Il nemico si ritirava in direzione di El Alamein. La nostra armata si disponeva all'attacco in direzione Bir-Busat-Tell Eleisa.

Verso le ore 14 del 29 il Maresciallo venne personalmente al tornando della Littorio e impartì gli ordini per l'avanzata. Si riconfermarono in quell'occasione le necessità logistiche imprescindibili della divisione; ma né allora né in seguito si ebbero aiuti.

Tuttavia nella giornata del 29 la Littorio, rinunciando al riposo si rifornì per suo conto presso il campo d'aviazione inglese di Fuka; reparto per reparto attinsero carburante ed acqua sino al massimo possibile.

Per il successivo movimento verso Est, le divisioni tedesche poterono partire sul tardi; ma la Littorio per la risaputa sua velocità molto modesta, mosse da Fuka senza il minimo riposo alle ore 16. Secondo le indicazioni del Maresciallo Rommel, sarebbe poi stata affiancata sulla sinistra dal 580° raggruppamento esplorante corazzato e a destra della 21a Panzer Division, mentre la 90a avrebbe preceduto a cavallo della litoranea asfaltata. In questa avanzata era probabile l'incontro con la 7a brigata corazzata inglese a sud est di Fuka.

La Littorio si attestò alle ore 18 circa nei pressi della stazione ferroviaria di Fuka su tre scaglioni: il primo di carri L. 6, del 12° rgt. bersaglieri e del gr. artiglieria. Il secondo del c.do della divisione e dei carri armati medi (21 carri). Il terzo dell'autocarreggio. La divisione mosse dietro la guida personale del comandante con un angolo di rotta di 120 gradi, direzione già approvata dal maresciallo Rommel. Sul terreno, decisamente pessimo, si procedette tormentosamente a 5 Km. l'ora in larghissime formazioni. Dopo circa 20 Km., verso la mezzanotte un passaggio difficilissimo attraverso un uadi, obbligò il primo scaglione a manodopera di forza e spinta a braccia veicolo per veicolo. Il secondo scaglione in testa al quale si era portato il comandante della Littorio, evitò quel tratto e affrontò l'uadi circa 3 km. più a nord con migliore risultato. Ne derivò che anche il secondo scaglione nel proseguimento dell'avanzata venne a trovarsi leggermente sfalsato a nord ma sempre un po' indietro al primo quasi a protezione del fianco di questo il che era vantaggioso trattan-dosi di scaglione di carri armati pronti a combattere e a muovere in soccorso del 1° scaglione autocorazzato.

Alle ore 2 del 30 giugno gli equipaggi dei carri M. erano esausti e fu necessario concedere un riposo di 2 ore che si stese a tutti gli scaglioni.

Su far dell'alba, ripresa l'avanzata, qualche colpo di cannone sulla fronte si udì distintamente in direzione del 1° scaglione. Si videro colonne di fiamme e di fumo. Si trattava di un attacco di non grande rilievo contro il 1° scaglione.

Alle prime luci qualche puntata esplorativa riferì qualche mo-vimento sospetto di automezzi cingolati e camionette che si agitavano nella bruma.

Una ricognizione personale del Comandante della divisione accertò la presenza a circa 2-3 Km. di una formazione nemica ferma, di 7 od 8 carri armati inglesi non tutti della stessa mole. La formazione schierata fronte sud minacciava il fianco destro della Littorio ed aveva cannoneggiato il 1° scaglione, senza attaccarlo decisamente.

Delle unità tedesche che avrebbero dovuto fiancheggiare la divisione Littorio nessuna notizia, ma non dovevano essere lontane.

Il compito della divisione verso est imponeva la prosecuzione del movimento con il 1° scaglione che avanzava; ad una rapida decisione induceva anche la stretta misura di distanza tra le opposte formazioni avversarie.

Il comandante della Littorio diede disposizioni per l'attacco coi 21 carri M. contro 7 o 8 nemici. Avanza l'ondata di 11 carri su largo fronte. La seconda ondata si predispose ad avvolgere per i fianchi. Almeno 4 dei carri inglesi visibili erano armati di cannoni da 75 che poterono aprire il fuoco contro i carri M. oltre mille metri. Nonostante questo enorme vantaggio avversario la formazione della Littorio procedette senza altro appoggio di fuoco oltre quello del modesto pezzo da 47.

Il nemico pur essendo sostanzialmente più forte di fuoco si ritirò dopo aver inflitto perdite sensibili ai nostri carri armati. La Littorio raggiunse la località prescritta quale obiettivo della giornata e subito si riaccesero combattimenti cruenti intorno ai capisaldi improvvisati che resistettero al ritorno offensivo della 7a brigata inglese; ben fornita d'artiglieria. Le offese aeree si accanirono giorno e notte sulla divisione isolata e priva di qualsiasi difesa antiaerea. La unica protezione delle improvvisate buche antischegge non salvò da dolorose perdite che si aggiunsero alle notevolissime della giornata. Gli automezzi in numero sempre più assottigliato dovevano essere sovraccaricati per devolverne qualcuno per il trasporto dei feriti in mancanza assoluta di autoambulanze.

Nella giornata del 1° luglio le divisioni si portarono nella zona di futuro schieramento per l'attacco e l'aggiramento del frontecaposaldo di El Alamein. La Littorio che in mancanza di ordini aveva cercato il collegamento a mezzo di ufficiali con le divisioni laterali, mosse alle ore 11 con direzione nord e si trovò allineata con le divisioni italiane Ariete e Trieste che non avevano incontrato nemico.

Alle ore 15 la Littorio nei pressi di El Dabà ebbe notizie dell'arrivo di una parte di carri del XII btg. che soltanto ora raggiungeva la divisione con pochi carri.

La inserzione della divisione nello schieramento dell'armata si limitò per questa giornata alla dislocazione in zona Deir al Shein.

Alle ore 5 del 3 luglio la divisione ricevette ordine di tenersi pronta a partire per le ore 7 per schierarsi a sinistra del D.A.K. e per lo attacco. L'attacco aveva per obiettivo il km. 110 della rotabile ad est di El Alamein.

La battaglia di El Alamein fu la conclusione di un prolungato ed eroico sforzo per portare lo sfruttamento del successo alla conquista di Alessandria ed al Nilo.

Il giorno 4 luglio risultò a caro prezzo e chiaramente insuperabile l'ultimo baluardo che il nemico aveva potuto organizzare tra il mare e la depressione del Qatara. I carristi, i bersaglieri e gli artiglieri della Littorio attaccarono senza l'indispensabile appoggio di fuoco e senza controbatteria, il loro prodigioso valore s'infranse contro un imponente e interminabile tiro di sbarramento. Minacce di aggiramento da sud resero necessario lo spostamento della divisione Littorio verso il fianco destro minacciato e cominciò allora la delicatissima fase di trapasso dell'offensiva a testa bassa alla difensiva mobile, senza appigli e senza esclusione di direzioni e di colpi. È giusto considerare che in questa schermaglia desertica come nelle precedenti operazioni di movimento ad ampio raggio, la Div. Littorio non ha mai avuto una guida né alcun strumento di navigazione nel deserto.

Le venivano riferite a carte topografiche di scale sempre diverse e spesso errate ed infedeli, quasi sempre di notte, in vicinanza del nemico, in mezzo alle sue insidie e sotto la spia offensiva dell'aviazione avversaria. Doveva adottare formazioni larghissime e perciò di difficile comando e a velocità media di soli 5 km. ora.

Questo lembo proteso di divisione corazzata che aveva ancora le sue radici in Italia e le sue membra più valide amputate e cedute alle divisioni sorelle, era votato a sé stesso e da se stesso proseguì sino in fondo senza neppure un filo di speranza nei servizi d'intendenza che per essa non esistettero mai.

STORIA DEL XII BATTAGLIONE CARRI M 14/41
DI GIANNI INGOGLIA

Aprile 1941: Costituzione, in Verona del battaglione: coman-dante Maggiore Cesare Lasagna.

Estate 1941: Addestramento e manovre in Friuli.

Novembre 1941: partenza del battaglione per Napoli a mezzo ferrovia dicembre 1941: il materiale, con i rispettivi piloti e conduttori, viene imbarcato sulle navi «Fabio Filzi» e «Carlo Del Greco» per essere trasportato con un convoglio a Tripoli. Il personale rimanente del battaglione rimane a Napoli in attesa di partire per l'Africa in aereo.

13 Dicembre 1941: Nella notte le due navi (che trasportano anche un gruppo tedesco di artiglieria) vengono silurate nel golfo di Taranto. 36 carristi del battaglione scompaiono con tutto il materiale. I superstiti vengono raccolti in mare dai cacciatorpediere di scorta e portati all'ospedale militare di Taranto.

I carristi rimasti a Napoli vengono fatti partire per il deposito di Parma anziché per quello di Verona, ove erano originari. Vengono passati al 133° reggimento Carristi della Divisione Corazzata «Littorio». Viene sostituito anche il Comandante. Subentra il Maggiore Dell'Uva.

Gennaio 1942: Permanenza a Parma per ricostituzione del battaglione con complementi.

Maggio 1942: Trasferimento in Sicilia per ferrovia fino a Castelvetrano. Partenza in aereo per Tripoli.

15 Giugno 1942: Siamo a Homs dove sono finalmente giunti i nuovi carri M. 14/41. Inizia subito il trasferimento sulla via Balbia verso il fronte di Ain El Gazala in Cirenaica.

22 giugno 1942: Il battaglione giunge a Trobruk e si ricongiunge con le altre forze che hanno conquistato la roccaforte. Si lancia subito all'inseguimento degli inglesi in ritirata.

30 Giugno 1942: alla sera il battaglione, senza combattimenti di rilievo, raggiunge la moschea di Abd El Rahman sulla destra della litoranea, ad una quindicina di chilometri dal El Alamein.

3 luglio 1942: il battaglione è schierato all'interno del deserto (circa 20 chilometri dalla litoranea) sul Ruweisat Ridge ed at-tacca le posizioni inglesi. Muore il capitano Giapponi (3° Compagnia) al quale verrà concessa la medaglia Argento e ferito il tenente Maretta.

luglio 1942: Dalle ripetute battaglie del Ruweisat Ridge sono rimasti indenni solo carri che vengono schierati a Bab El Qattara.

12 luglio 1942: ferito il Magg. Dell'Uva, che rientra in Italia.

Luglio 1942; Assume il comando del battaglione il Maggiore Fabbri, romagnolo, proveniente dalla cavalleria: Ricostituito il battaglione con carri e complementi.

30 Agosto 1942: Il battaglione partecipa nelle retrovie inglesi verso Alam El Halfa.

4 settembre 1942: Il battaglione rientra nelle proprie linee, senza subire perdite di rilievo.

15 settembre 1942: il battaglione si schiera a sud di Teli El Aqqaquir nella parte nord del fronte dietro alla 15a Div. Panzer.

17 ottobre 1942: Il maggiore Fabbri si ammala e rientra in Italia. Gli subentra il Capitano Costanzo Preve, già comandante della 3a Compagnia.

23 ottobre 1942: alla sera inizia il terrificante bombardamento della artiglieria inglese e si ristabilisce la situazione verso Kidney Ridge.

1° Novembre 1942: Zona a est di Teli El Aqqaquir; il battaglione ridotto ad un plotoncino di 7 carri, continua a contrattacare.

2° novembre 1942: ferito il capitano Preve e fatto prigioniero. Il battaglione è distrutto.

4 novembre 1942; I superstiti carristi iniziano la ritirata.

Tutti i superstiti continuarono a combattere valorosamente in Tunisia.

L'ULTIMO COMANDANTE DEL XII BTG M 14 RICORDA

DI COSTANZO PREVE

Mi preme far, doverosamente risaltare il gran numero dei miei Ufficiali morti o feriti... l'85%, triste primato forse imbattibile. Al mio rimpatrio feci molte proposte di ricompense... ma il Cap/no Stiffelmayer della XV Panzer consegnò la Croce di Ferro di 2a classe a Pomoni, Patelli ed al sottoscritto. Pomoni tramutò la sua decorazione in una medaglia di bronzo al V.M.: io e Patelli rifiutammo tale scambio.

Ecco i nominativi dei Comandanti del XII° Btg. carri M. 14/41:

1°) È stato il Magg/re Lasagna (da me mai conosciuto) sostituito insieme a due suoi Com/ti di comp. (Mantovani e Fiore).

2°) Magg/re Enrico Dell'Uva (Sa), ex legionario di Spagna. Ufficiale rude ma giusto e benvoluto. Ferito, fu rimpatriato e raggiunse la sua famiglia a Bolzano ove trovò la morte per mano partigiana solo perché la Lara, la moglie, faceva l'interprete di tedesco:

3°) Cap/no SPE Preve Costanzo (CN), ferito il 2 novembre (giorno dei morti o quasi) e catturato. Quel giorno segnò la fine del Btg. proprio davanti a quella storica q.33 che per primo aveva raggiunto il 27 giugno 1942.

Per la verità storica il mio periodo di Comando subì un interregno con l'arrivo del Maggiore di cav. Fabbri, che lasciò poco dopo il comando.

Un particolare, doveroso ricordo ai miei bravi motociclisti porta-ordini: cap/le Calini Anacleto di Legnano, infallibile pilota del deserto, Pagliai Giuseppe di Pistoia, Anquillesi di Pisa, Sceva Mario di Mede Lomellina, rimpatriato per ferita, e Marmiroli Silvino di Verona. Elementi preziosi che emergevano nei momenti più difficili guidando le colonne dei rifornimenti che non conoscevano mai l'esatta ubicazione del reparto.

Totale è stata la dimenticanza da parte delle Autorità Militari dei nostri tre magnifici Battaglioni. Potevano benissimo rico-struirne almeno uno con il nome di Bulgarelli, Giupponi... (i nomi non difettavano!!!). I Com/ti dei tre Btg. (Pinna, Dell'Uva, Preve e Verri) furono feriti in testa ai loro reparti. "LITTORIO".

STORIA DEL LI BATTAGLIONE CARRI M 14/41

DI CARLO MACCHI

Scritto tratto dalle memorie del serg. magg. carrista Carlo Macchi, del LI Btg. Carri M in Africa settentrionale. ITALIA: marzo 1942, Casarsa (Udine, allora, oggi Pordenone) Approntamento dopo il rientro dall'Albania. Il battaglione viene destinato al 133° reggimento carri "Littorio", per l'A.S. LIBIA: sbarco e sosta a Tagiura (20 km. da Tripoli). Homs; Leptis Magna-Riordinamento. Trasferimento con i carri autoportati, sino a Dema, per proseguire, con i carri angolati, verso Tobruk. Battaglia vittoriosa di Tobruk. (giugno 1942). Ridotta Capuzzo-Sollum, Sidi el Barrani. Il serg. magg. Macchi ricorda gli inconvenienti meccanici che colpivano spesso i carri, tra cui il "maledetto" filtro dell'aria.

Marsa Matruk: accerchiamento, cattura di diversi carri inglesi-bombardamenti aerei (vengono ricordati i piloti Scrosati e Lucaccini). Fuka-El Dabà. Macchi riporta quanto apprese allora dal serg. Gaggia pilota del carro di Zappalà.

«Con noi del LI° c'erano carri del XII° al centro dello schiera-mento. Fu un pomeriggio infernale, un avanti e indietro continuo, ogni volta lasciando sul campo carri colpiti e fuori combattimento; con la prima ondata superai sulla mia destra un carro fermo con a terra un carrista con le gambe lacerate, seppi poi che era il cap. Giapponi, comandante di una compagnia del XII° Btg. che morì dissanguato. Si avanzava in prima per poter aggiustare il tiro su un bersaglio poco visibile e molto lontano; al contrario l'artiglieria inglese, ben protetta e più potente, falcidiava i nostri cani finché venne l'ordine di ritirarsi. Dalla linea di partenza lo spettacolo era desolante perché la piana era disseminata di carri immobilizzati o fumanti».

Luglio-settembre 1942: è un periodo un poco dimenticato di fronte alla grande battaglia dell'ottobre-novembre. Ma fu vissuto intensamente dal LI (e dagli altri battaglioni). Comandante int. del battaglione fu il capi.no Tito Puddu. Il carro di Macchi viene colpito ed egli così racconta la sua disperazione.

«Ero disperato per avere abbandonato il carro, che per me era tutto: la casa, la forza, la difesa. Su mia richiesta mi diedero un mezzo per ritornare al carro, arrivava ancora qualche colpo, ma vidi che i carri inglesi avevano desistito dell'inseguirci. Il carro non ripartì, smontai la mitragliatrice Brada dalla torretta, recuperai una cassetta personale e una medaglietta della Madonna con catenina che tenevo appesa in torretta: me l'aveva data mia madre quando partii richiamato il 2/5/1940, l'avevo tenuta nel carro L per tutta la campagna d'Albania fino al cambio di carro a Pordenone e non volevo privarmene, mi aveva sempre protetto! Ce l'ho ancora, la tengo appesa al retrovisore della macchina. Ritornai sconsolato alla base, avevo abbandonato anche l'ar-tigliere morto, anch'io ero sfinito, nessuno mangiò, era sera e si passò così anche la notte».

Il nostro bravo sottufficiale si ammala e ci narra della odissea per vari ospedali, nel tentativo, vano, di farsi curare, quando tutti pensavano solo ai feriti gravi.

Egli non fu quindi con il reparto alla battaglia finale di El Alamein. Ritrovati i resti del battaglione oggi così racconta:

«Doveva essere il 7 o l'8 novembre, per le strade di Barce un via vai di macchine e autocarri d'ogni genere, carichi all'inverosimile specie quelli che venivano dal fronte e le notizie erano catastrofiche: il fronte era crollato e tutta l'armata era in ritirata. Vagai per Barce sconcertato per un paio d'ore finché fra i tanti autocarri che sostavano in cerca di rifornimenti riconobbi un Lancia Ro del LI°; era già stracarico di materiale vario con una quindicina di carristi appollaiati sul cassone. Salii anch'io e da essi seppi che tutto il nostro Btg. carri era andato distrutto!

Tutti gli equipaggi dei carri, Ufficiali, Sottufficiali e Carristi furono sopraffatti, nessuno tornò, morti, o feriti, o prigionieri rimasero a El Alamein. Qualcuno che era stato ferito od aveva perso il carro nei primi giorni della battaglia riuscì a sganciarsi ma molti altri non li vidi più. Fra i caduti di quei giorni il mio Cap. Puddu e il Cap. Caraccio comandante la 2ª Compagnia e il Ser. Gaggia del plotone comando e altri che conoscevo ma non ricordo più i nomi.

Penoso e tragico fu anche il nostro ripiegamento per i continui mitragliamenti dei caccia inglesi (dove morirono altri che non conoscevo) e per la mancanza di viveri (o si trovavano magazzini della sussistenza abbandonati o niente) riuscii a sopravvivere perché potemmo trovare da qualche arabo dei datteri con cambi in natura. Incrociavamo ancora in Cirenaica, qualche reparto in armi che andava verso Est nel tentativo di ostacolare l'avanzata nemica; fra questi ebbi il piacere di rivedere amici della C.C.R. del 31° Regg. della Centauro appena arrivati in Libia e subito avviati in linea. Fra questi ricordo il ser. magg. Cuccoli Ugo, il s.m. motorista Pignoli Rinaldo e il cap. magg. Migliori che morì poco dopo ad Agedabia, ma fu solo un triste e fugace scambio di auguri; qualcuno dovevo rivederlo e so che c'è ancora, altri mai più.

SINTESI DELL'ATTIVITÀ' BELLICA DEL 555° GR. SEM. 75/18

DI VALENTINO PISANI

Il 555° Gr. Sem. 75/16 fu costituito in seno al 133° Rgt. Cor. di stanza in Mantova e dislocato a Monzambano (MN). Il contingente "equipaggi", affluito da altre unità, fu inviato per l'addestramento e la successiva abilitazione, presso il 5° Centro Carristi di Casalecchio di Reno (BO). A fine corso altri aggiornamenti furono sostenuti presso la Scuola di Art. di Nettuno e l'Ansaldo di Genova.

Il Gr., definitivamente approntato, fu trasferito a Locorotondo (BA) in attesa di salpare per l'A.S.

L'ordine di partenza pervenne il giorno 17/9/42. I mezzi furono imbarcati su 2 convogli, uno in partenza dal porto di Brindisi e il secondo da quello di Taranto. Ma, nel corso della navigazione il convoglio partito da Taranto fu attaccato dall'aviazione nemica e in parte affondato e in parte lesionato. Le unità superstiti trovarono rifugio nei porti greci. I mezzi del nostro Gruppo (la maggior consistenza) finirono, prima di iniziare l'avventura africana.

La parte del Gr. partito da Brindisi, del quale facevo parte, approdò al porto di Bengasi il 21/9/42 ma, nel corso delle operazioni di sbarco un furioso bombardamento affondò navi e mezzi. Dallo sfacelo salvammo, indenni, 5 carri e alcuni automezzi. Posti questi al riparo da eventuali altri attacchi attendemmo l'arrivo dall'Italia della forza organica del Reparto. Arrivati gli stessi, coi 5 mezzi a disposizione fu costituita la I^ Btr. Sem. 75/18 comandata dal Cap. Enrico SEMERARO.

Così organizzata la Btr. si diresse verso la zona delle operazioni in corso puntando al congiungimento con il Gr. comandato dal Ten. Col. DEL DUCE già in zona di combattimento. Tale congiungimento non fu però possibile in considerazione delle attività belliche in corso.

Il giorno 22/10/42 la Btr., raggiunta Marsa Matruh, si trovò coinvolta, a fianco della Div. Folgore, nei duri scontri in atto nella zona. Il 2/11/42, approfittando di una stasi dei combattimenti, effettuammo l'ultimo rifornimento di carburante e munizionamento e ci inoltrammo in direzione El Alamein – Al Qattàra dove più forte il fuoco imperversava, ma purtroppo a sfavore delle nostre forze.

Il giorno 5/11 si presentarono al nostro Comandante alcuni ufficiali tedeschi che, con ordine perentorio, ci indussero ad inoltrarci ancor più nel vivo della battaglia e di disporci in posizione di copertura alle nostre truppe in fase di ripiegamento. Dal mare di fuoco uscimmo con due carri, 9 uomini (di cui 2 feriti gravemente e poi deceduti) e il Comandante.

Il giorno 11/11/42 ci ritrovammo nei pressi dell'oasi di Giara-bub senza carburante né munizioni. Provvedemmo ad inutilizzare i mezzi e a mezzo di un autocarro di fortuna raggiungemmo la località "Ridotta Capuzzo" e di lì il Comando della Divisione Littorio a Sirte. Dopo qualche giorno di tregua fummo trasferiti nella forza della Div. Cor. Centauro, che ci fornì nuovi Semoventi 75/18 e ci aggregò al 31° Gr. Carristi – M/13.

Ai primi giorni del mese di gennaio 1943, nel deserto della Sirte, in località denominata 40° Km. – Buerat, unitamente a 32 carri M13/47-32 fummo impegnati in durissimi scontri e il giorno 18, soverchiati dalle preponderanti forze avversarie cessammo la resistenza. Sganciatici dall'avanzante forza avversaria ripiegammo fino a raggiungere la località "Gabes" (Tunisia). Qui l'officina della Div. Centauro rimise in sesto alcuni Sem. 75/18 che ci furono consegnati e con questi tentammo ancora di ostacolare l'avanzata nemica. Partendo dalla località Feriana – a quota 1000 – 125° Km. avanzammo verso Casserini per una profondità di circa 100 km.. Ma la nostra euforia fu di breve durata. Il giorno 21 aprile 43 ci raggiunse un ordine di opporre resistenza ad oltranza ma con che mezzi? Con una pistola e qualche colpo? Appiedati e rimasti in due camminammo per 3 giorni in direzione della costa e finalmente incontrammo un automezzo con alcuni commilitoni che venivano a cercarci. I due rimasti erano il sottoscritto e l'autista BERGAMI Dino di Bologna.

STORIA DELL'XI BTG. CARRI M 13/40

L'XI Battaglione Carri M. 13/40, viene costituito presso il deposito del 4° Reggimento Fanteria Carrista, il 30 aprile 1941, per trasformazione del preesistente VIII Battaglione Carri L unitamente ad altri due Battaglioni Carri M. 13/40, il XX ed il XIII; il 15 giugno 1941 contribuisce a formare il 133° Reggimento, della Divisione Corazzata "Littorio".

L'XI Battaglione Carri, al comando del Maggiore Gabriele Verri, raggiunge la Libia in due scaglioni: il primo, via mare, con partenza da Napoli il 14 gennaio 1942; il secondo, parte via mare (materiali e mezzi) e parte aviotrasportato (personale), con partenza da Castelvetrano il 15 dello stesso mese. Giunto in Africa, il Battaglione si porta nella zona di Homs, dove sosta fino all'aprile dello stesso anno, dedicandosi ad una intensa attività addestrativa.

Paolo Caccia Dominioni nel suo libro "EL ALAMEIN" così si esprime nei riguardi della comunità militare dell'XI Battaglione Carri: "È un reparto di intensa fisionomia, composto di meridionali, reclutati fra i conduttori di autotreni e di taxi, inquadrati da buoni ufficiali e sottufficiali. Il Battaglione ha il tono spregiudicato e baldanzoso che, a qualche antico reduce, ricorda gli arditi della prima guerra mondiale".

Nell'aprile 1942 viene assegnato definitivamente quale Batta-glione Carri autonomo alla Divisione motorizzata "Trieste". Da allora, le sorti dell'XI Battaglione Carri saranno indissolubilmente legate a quelle della "Trieste" fino al compimento della sua breve ma gloriosa esistenza, conclusasi in una apoteosi di sacrificio e di valore nelle fasi finali della battaglia di El Alamein, durante le quali il Battaglione verrà praticamente distrutto (2 novembre 1942).

L'assegnazione dell'Xl Battaglione Carri alla "Trieste" coincide con un periodo particolarmente intenso dell'attività bellica in Africa Settentrionale: è infatti da poco cominciata quella seconda controffensiva Italo-Tedesca che porterà le nostre unità ben addentro in territorio egiziano, a meno di 100 Km. da Alessandria d'Egitto. Il 27 maggio il Battaglione riceve il battesimo del fuoco a Bir-Hacheim in un combattimento che impegna la seconda compagnia (ferito il ten. Simula).

Nei giorni dal 28 al 31 maggio il Battaglione partecipa agli aspri combattimenti sostenuti dalla "Trieste" per la conquista delle posizioni di Got el Ualeb; durante questi combattimenti cade eroicamente alla testa della sua compagnia carri, impegnata da un intero Battaglione Corazzato Inglese, il Cap. Icilio Calzecchi Onesti, al quale gli inglesi rendono l'onore delle armi.

Il 31 maggio l'XI Battaglione Carri muove con la "Trieste" all'attacco della guarnitissima posizione di Bir Hacheim, detta la "Verdun" del deserto perché presidiata dalla Divisione "Francia Libera"; i combattimenti si protraggono per otto giorni, poi, malgrado l'accanita resistenza dei Francesi, Bir Hacheim viene conquistata. Nei giorni immediatamente successivi, il Battaglione viene impegnato in quella serie di combattimenti e di operazioni che porteranno all'accerchiamento delle forze inglesi nella zona di Ain el Gazala; il 21 giugno il Battaglione partecipa eroicamente all'attacco della piazzaforte di Tobruck, che dopo strenua resistenza viene conquistata in una apoteosi di gloria.

Nella serie di ininterrotti combattimenti, svoltosi fra il 27 maggio ed il 21 giugno, i carristi dell'XI Battaglione, in nobile gara di emulazione con i fratelli più anziani della "Trieste", danno prova di alta capacità combattiva e di saldezza spirituale, contribuendo in maniera determinante alla buona riuscita delle operazioni. Due Medaglie d'Oro al V.M., concesse alla memoria di due eroici Ufficiali del Battaglione, il già nominato Cap. Calzecchi ed il S.Ten. Livio Pentimali caduto eroicamente il 21 giugno 1942, testimoniano il valoroso comportamento di questo reparto da poco costituito, ma già saldo e compatto, che è oggi uno dei più decorati dell'esercito. Il felice esito delle operazioni per la conquista di Tobruk, invoglia il Comando Italo-Tedesco a proseguire l'offensiva verso oriente e così anche l'XI Battaglione Carri, dopo un breve periodo di riposo e di riordinamento, riprende con la "Trieste", la vittoriosa marcia verso il confine Egiziano.

Sollum - Sidi Barrani - Marsa Matruh, sono le tappe vittoriose di questa lunga ma rapida avanzata, che porta le nostre truppe parecchi chilometri all'interno del territorio Egiziano.

LUGLIO 1942

= 20 Km. a sud-ovest di El Alamein (contro Divisione Neozelandese)

= Zona El Khanita: duramente impegnato.

= 10/7: Tel El Eisa – 3ª Compagnia (Cap. Vittorio Bulgarelli) – Molti carri distrutti o immobilizzati.

Un solo carro, isolato e illeso, continua la sua irreale corsa verso la cresta, la raggiunge e si getta contro il nemico atterrito e incredulo, scompare dall'altro versante e solo allora viene annientato, oltre la meta, e diviene un vivido rogo nel deserto sconfinato. Sconosciuti sono rimasti i nomi dei quattro valorosi che lo occupavano e solo di lui si conosce la targa: RE 3700.

Ritrovato nel 1946 è diventato il monumento ai carristi nel cortile d'onore del Sacrario di q. 33 (cimitero di guerra di El Alamein) e per tutti i carristi è rimasto il simbolo del sublime sacrificio oltre lo spasimo, oltre la vita e viene ricordato il fatto come "la carica dei morti". Dei 19 carri soltanto tre riescono a rientrare alle basi di partenza, gli altri 16 sono rimasti nel fango nero e salato della laguna con i morti e qualche agonizzante a bordo ma, se l'azione è andata male, altissima è stata la dimostrazione di coraggio e di valore data dai carristi dell'XI Battaglione che non hanno esitato un attimo a lanciarsi contro una posizione nemica fortemente organizzata e, malgrado le forti perdite iniziali, hanno perseverato nell'attacco fino al loro totale annientamento.

Negli ultimi giorni di agosto e nei primi di settembre, il Batta-glione partecipa alle azioni condotte dal Maresciallo Rommel nel disperato tentativo di accerchiare da sud le forze inglesi sistemate a difesa sulle posizioni di El Alamein.

Il 2 settembre il Battaglione raggiunge con altri elementi della "Trieste" le posizioni più orientali toccate dalle forze Italo Tedesche, in questa offensiva in Egitto, e precisamente nella zona di Managir el Taijira; ma, fallito il tentativo di aggiramento delle posizioni britanniche, il Battaglione e gli altri reparti avanzati della "Trieste" vengono fatti ripiegare sulle posizioni di El Kharita.

Il giorno 4 settembre a Deir el Muneassib, si distingue la 2a compagnia Carri, comandata dal Ten. Carlo Ragnoli; nei duri combattimenti sostenuti cadono, fra gli altri, il sottotenente in s.p.e. Alberto Crucianelli ed il sottotenente di Cpl. Antonio Giallonardi, assistito dalla sua ordinanza, che non volle abbandonare il proprio ufficiale e preferì la cattura e i sacrifici di una lenta prigionia.

A questo periodo di intensi combattimenti segue un periodo di sosta nelle operazioni.

La sera del 23 ottobre, inaspettatamente, si scatena la controffensiva britannica con un tremendo fuoco di artiglieria al quale partecipano più di mille bocche da fuoco.

Si combatte accanitamente da entrambe le parti fino al 30 ottobre, con alterne vicende e la Trieste si schiera nel settore costiero. La notte del 1° novembre il Comando inglese lancia un poderoso attacco con ingenti masse di fanteria e carri armati. È l'attacco che sgretolerà il fronte.

La situazione è veramente critica! Sono lanciati nella lotta tutti i carri armati disponibili nella zona e fra questi l'XI Battaglione Carri della "Trieste" con i residui reparti della "Littorio" e si accentrano furiosi combattimenti di cani armati che durano tutto il pomeriggio del giorno 1° novembre. La sproporzione di forze è troppo alta, non solo dal lato numerico ma anche qualitativo; gli inglesi infatti hanno ricevuto da poco e lanciato nella lotta i nuovi carri armati americani (Grant-Lee-Sherman) e quelli britannici, potentemente armati e con corazze assolutamente impe-netrabili dai nostri modesti calibri.

L'XI Battaglione Carri – animato dall'esempio del proprio comandante Magg. Verri – si batte da leone in questa lotta impari: ad uno ad uno perde tutti i propri carri, ma combatte disperatamente fino in fondo riuscendo ad infliggere dure perdite al nemico troppo superiore.

Ingenti e dolorose le perdite del Battaglione; cadono il capitano spe. BULGARELLI Vittorio, il tenente s.p.e. VALENTINI Bruno ed i sottotenenti di Cpl. MARCHITELLO Antonio e GADDI Lorenzo e tutti gli altri...

Col Battaglione "Trieste" combattono fianco a fianco in una lotta sporadica ed eroica, gli ultimi carri della "Littorio". Il destino ha voluto che la fine dell'XI Battaglione Carri avvenisse contemporaneamente a quella della "Littorio" che era stata la divisione madre dalla quale il Battaglione si era distaccato per essere assegnato alla "Trieste".

Splendidi episodi di valore e di coraggio contraddistinguono la fine eroica in battaglia dell'XI; fra i tanti vanno ricordati, perché li comprendono e sintetizzano tutti, quelli dei comandante del Battaglione, Magg. Gabriele Veni, del Capitano Vittorio Bulgarelli, già distintosi in precedenti combattimenti, e di un carrista sconosciuto.

Il primo, avuti entrambi gli arti inferiori stroncati da una granata continuava ad impartire con la radio ordini per il proseguimento dell'azione, fino a che, esausto per la forte perdita di sangue, veniva trasportato al posto di medicazione dove sopportava stoicamente l'amputazione degli arti colpiti, solo preoccupandosi dei propri uomini.

Il secondo, ferito assieme a tutto l'equipaggio da un colpo perforante che inutilizzava il carro e che ne provocava l'incendio, si rifiutava di abbandonare il posto e continuava a sparare con il cannone fino a che un ultimo colpo nemico non gli toglieva la vita.

Il terzo, un carrista uscito con gli abiti in fiamme dal proprio carro incendiato, si avvicinava, ardendo come una torcia, al proprio comandante di Battaglione giacente a terra gravemente ferito e, alle parole di conforto del superiore, rispondeva nell'ultimo anelito di vita: "Signor Maggiore, non permettete mai che si dimentichino di noi!".

Il Maggiore Verri sarà proposto per la concessione della M.O. al V.M., poi tramutata in promozione a T. Colonello per merito di guerra; mentre al capitano Bulgarelli verrà concessa la Medaglia d'Argento al V.M. (alla memoria).

STORIA DEL XIV BATTAGLIONE CARRI M 14/41

DI MARIO GIBELLI

Il XIV Battaglione carri M 14/41 è stato costituito nel mese di giugno 1942 a Parma sede del 33° reggimento Carristi, alla Caserma Pilotta, e incorporato nella Divisione Corazzata LITTORIO.

Dopo la costituzione, il Battaglione fu trasferito, sempre a Parma, alla Caserma Castelletto ed al comando venne assegnato il ten. col. Gigliarelli Fiumi.

I Comandanti di compagnia erano in quel periodo: per la 1^ Compagnia il Ten. Gigliola, per la 2^ Compagnia il Ten. Gar-bellotto e per la 3^ Compagnia il Cap. Tagliavacca.

Successivamente il Battaglione venne trasferito a Salsomaggiore in attesa di essere inviato, con la Divisione Littorio, in zona operazioni nell'Africa Settentrionale.

Nel mese di settembre 1942 il Battaglione venne trasferito prima a Pordenone e successivamente in Piemonte nella zona di raccolta e precisamente a Villanova Solaro.

Nei primi giorni di ottobre (10/15 Ottobre) giunse l'ordine di partenza; i carri furono caricati sui vagoni ferroviari nella stazione di Moretta con destinazione Napoli. Lo scarico venne fatto sulla banchina del porto di Napoli; gli equipaggi dormirono in porto, la restante truppa venne ospitata nella Caserma Comando Tappa.

Poiché in quel periodo i trasporti marittimi erano soggetti a continui siluramenti da parte del nemico, le partenze del battaglione furono programmate a scaglioni.

Iniziò la prima compagnia con il mercantile Capo Orso.

Il convoglio fu ripetutamente attaccato e vi furono le prime vittime.

Fortunatamente il viaggio si poté concludere a Tripoli.

La seconda compagnia a seguito dei continui attacchi, poté partire da Napoli solo più tardi con il Ghisone ed il viaggio, pure subendo attacchi si svolse senza perdite. La terza compagnia partì poco dopo a bordo del mercantile Giulia ed il viaggio durò ben 9 giorni in quanto il convoglio venne ripetutamente attaccato costringendo lo stesso a rotte lunghe e tribolate.

La 1ª e 2ª compagnia, dopo una breve sosta a Castel Benito furono inviate ad Agheila e Marsa El Brega e percorrendo la pista Marade si appostò sui capisaldi «Varese» e «Milano». Dopo una decina di giorni, il Battaglione ebbe il battesimo del fuoco. Furono momenti terribili, si vedeva, con il sole che picchiava a 50 gradi, un luccichio di fuoco incredibile per il grande numero di carri armati lanciati nella battaglia dalle forze alleate. Il XIV si è comportato con grande coraggio ed eroismo, respingendo con un valore che non so dire, ogni infiltrazione e spostamento nemico per essere di aiuto per altri reparti.

Da ammirare il comportamento di tutte le compagnie per il coraggio dimostrato, l'alto senso del dovere e per il sacrificio di sangue pagato, in particolare la 1ª Compagnia comandata dal ten. Gigliola, fu esempio di eroismo.

Nella battaglia sono eroicamente caduti il ten. Macchi De Celere ed il Ser. Magg. Sbordi, il carr. Gennari e altri carristi (di cui mi sfugge il nome): diversi furono i feriti. Sistemati nuovamente i reparti con dei complementi, il Btg. subì con fermezza il martellamento dell'aviazione avversaria, contrastando ogni penetrazione nemica e proteggendo il ripiegamento degli altri reparti; le perdite nel ripiegamento furono sensibili ed in Tunisia pochi furono i carri armati che hanno risposto Presente.

La 3ª Compagnia, invece, da Castel Benito puntò verso il confine libico-tunisino, in quanto nel frattempo sbarcarono gli Americani che si unirono ai Degollisti; passato il confine il 19 Gennaio 1943 si diressero verso Medenine con ricognizioni verso Bengardain.

La 1ª e la 2ª Compagnia dopo il combattimento si ridussero, a causa delle fortissime perdite, di uomini e di mezzi; successi-vamente, con complementi, furono rimesse assieme con ranghi ridotti.

A quei punto il Battaglione passò alle dipendenze della Divisione Cor. Centauro comandata dal gen. Conte Calvi di Bergolo.

Dopo varie vicissitudini, il resto del Btg., composto dalla 3ª Compagnia ed i resti della 1ª e 2ª Comp. si attestò nella zona di Mediez El Bab-Tathuine facendo continue puntate nei settori presso Kesserine e Gafsa dove effettuò vari combattimenti.

Durante uno di questi combattimenti, nella zona di Gafsa ci furono forti perdite di uomini e mezzi con episodi di grande coraggio. Cito un plotone della 3ª Comp. – precisamente il canto del Comandante S. Ten. Fornaciari di Parma che, fu colpito gravemente; il pilota carrista Francesco Lazzari di Bergamo, fu ferito ad un braccio, che fu poi amputato; pilotò il carro fino alla base. Purtroppo il S. Ten. Fornaciari vi giunse cadavere. Il pilota Lazzari si meritò, per tale atto eroico, la ricompensa della medaglia d'argento al valore militare.

Dopo aver raggiunto Sfax e Gabes ben poco restava del XIV Btg. carri per cui i pochi mezzi rimasti passarono alle dipendenze della XV Panzer tedesca.

A seguito di ciò fummo sottoposti a continui spostamenti nella zona a nord di Tunisi dove le truppe corazzate Americane avanzavano.

Molte furono le operazioni e i combattimenti fatti: Gererda-Tebouna-Megez El Bab-Tunisi-Grombalia sino a Capo Bon dove i pochissimi carri rimasti (6 o 7) furono distrutti prima della resa.

La 1ª Compagnia cessò di esistere a Enfideville per mancanza di mezzi. Breve fu la vita del XIV Battaglione ma densa di grande eroismo.

Questi miei pochi ricordi sono stati stimolati ed aiutati con il concorso dei carristi: Sora Egidio-Coma Arturo e Ser. Magg. Ramella Virginio.

ELENCO DEI CADUTI, DEI DISPERSI, DEI FERITI IN COMBATTIMENTO DEL 133° REGGIMENTO CARRISTA "LITTORIO"

ORDINE PERMANENTE N. 35 DEL 23 NOV. 1942

MILITARI DECEDUTI IN COMBATTIMENTO

I sottonotati militari effettivi al IV Btg. sono deceduti in combattimento in data a fianco di ciascuno indicata, sotto la stessa data le compagnie interessate li perderanno di forza:

Capitano in S.p.e. PICCININI Vittorio di C. cl. 1914 | 25-10-42

S. Tenente Cpl. FIGAIA Guido di Ciro, cl. 1917 | 25-10-42

S. Tenente Cpl. MANTOVANI Gaet. di L. cl. 1921 | 25-10-42

S. Tenente Cpl. CUZZONI Ernesto fu Ces. cl. 1917 | 25-10-42

Serg. magg. DEL CAMPO Matteo di Nic. cl. 1915 | 25-10-42

Sergente MADINI Giuseppe di Pietro cl. 1917 | 25-10-42

Sergente COTTI Italo di Antonio cl. 1918 | 25-10-42

Sergente NARDELLI Aurelio di Attilio cl. 1920 | 25-10-42

Sergente BAGLIONI Andrea fu Nazzareno cl. 1921 | 25-10-42

Sergente VOVOLA Generoso fu Liberatore cl. 1917 | 25-10-42

Sergente DORIO Concetto di Sante cl. 1920 | 8-11-42

Sergente PRANDI Aldo di Ciro cl. 1921 | 2-11-42

Cap. magg. LAURENCIC Franc, di Franc, cl. 1919 | 9-11-42

Cap. magg. LAPISCOPIA Matteo di Gius. cl. 1921 | 2-11-42

Cap. magg. CODAZZA Carlo di Giovanni cl. 1921 | 4-11-42

Caporale TEVENE' Bruno di Cesare cl. 1917 | 25-10-42

Caporale MARINELLI Luigi di Enrico cl. 1920 | 2-11-42

Caporale NUCCIO Aldo di Giuseppe cl. 1920 | 25-10-42

Carrista PRANDINA Pietro di Salvatore cl. 1920 | 25-10-42

Carrista BELLUZZO Arturo di Giovanni cl. 1920 | 25-10-42

Carrista PASSINI UGO di Silvio cl. 1921 | 26-10-42

Carrista RADICCHI Adolfo di Noemi cl. 1922 | 4-11-42

Carrista SCIAVONE Ugo di Michele cl. 1921 | 2-11-42

Carrista MORI Enzo di Mario cl. 1921 | 8-11-42

I sottonotati militari effettivi al XII Btg. sono deceduti in combattimento in data a fianco di ciascuno indicata, sotto la stessa data le compagnie interessate li perderanno di forza:

S. Tenente Cpl. ORNANO Mario di Silvio cl. 1922 | 25-10-42

Sergente VIGNONI Giacomo di Bartolo cl. 1917 | 27-10-42

Cap. magg. STEFANONI Guerrino di Luigi cl. 1915 | 25-10-42

Caporale ZUSI Afro di Giuseppe cl. 1921 | 23-10-42

Caporale SINI Giannuario di Giuseppe cl. 1921 | 2-11-42

Carrista VANOSSI Amedeo di Mario cl. 1921 | 27-10-42

Carrista BUONARROTTI Nicola di Ang. cl. 1921 | 27-10-42

Carrista LAZZARONI Pietro di Angelo cl. 1921 | 27-10-42

I sottonotati militari effettivi al LI Btg. sono deceduti in combattimento in data a fianco di ciascuno indicata, sotto la stessa data le compagnie interessate li perderanno di forza:

S. Tenente S.p.e. FERRARI Adelmo di Batt. cl. 1912 | 25-10-42

Sergente GAGGIA Alessandro di Enrico cl. 1917 | 28-10-42

Cap. magg. FALCONIERI Antonio di Gius. cl. 1917 | 27-10-42

Caporale GAZZULLI Agostino fu Agostino cl. 1923 | 28-10-42

Carrista PACIFICI Luciano fu Giuseppe cl. 1920 | 27-10-42

I sottonotati militari effettivi alla Comp. Comando Reggimentale sono deceduti in combattimento in data a fianco di ciascuno indicata; sotto la stessa data la compagnia interessata li perderà di forza:

Ten. Genio Cpl. MOSCONI Luigi fu Amos cl. 1912 | 4-11-42

Serg. magg. DEL ZOTTO Mario fu Giov. cl. 1918 | 5-11-42

MILITARI DISPERSI IN COMBATTIMENTO

I sottonotati militari effettivi al reparto per ognuno indicato sono dichiarati dispersi in combattimento dalla data per ciascuno segnata: sotto la stessa data passano effettivi alla Comp. Deposito del 33° Rgt. Carrista in Parma:

Della Comp. Comando Reggimentale

Ten. S.p.e. VICINI Mario Pomp. di Vinc. cl. 1917 | 2-11-42

Sergente FICARRA Salvatore di Giovanni cl. 1918 | 2-11-42

Cap. magg. BACCARI Adelmo di Alfonso cl. 1920 | 2-11-42

Cap. magg. PASSERA Mario di Giuseppe cl. 1915 | 2-11-42

Carrista SIGNA Andrea di Giovanni cl. 1918 | 2-11-42

Carrista MARZI Amelio di Jacopo cl. 1921 | 2-11-42

Carrista PRINCIPI Osvaldo di Rinaldo cl. 1921 | 2-11-42

Carrista STORARI Fulvio di Gregorio cl. 1918 | 2-11-42

Del IV Btg. Carri M. Serg. magg. FETTINI Stefano di N.N. cl. 1911 | 25-10-42

Sergente DE SIMONE Antonio di Savino cl. 1918 | 25-10-42

Cap. magg. BIANCHI Giuseppe di Angelo cl. 1921 | 25-10-42

Cap. magg. CALABRESE Giorgio di Gius. cl. 1923 | 27-10-42

Cap. magg. MORTILLARO Alberto di D. cl. 1922 | 24-10-42

Cap. magg. MARINO Gaspare di Gaspare cl. 1917 | 24-10-42

Caporale MANCINELLI Francesco di Salv. cl. 1916 | 25-10-42

Caporale CAPRARA Gioacchino di Cesare cl. 1913 | 25-10-42

Caporale DONATI Enrico di Giovanni cl. 1918 | 25-10-42

Caporale MANZI Antonio di Gioacchino cl. 1922 | 24-10-42

Carrista RICCA Giuseppe di Giuseppe cl. 1921 | 24-10-42

Carrista TRONCONE Settiminio di Angelo cl. 1920 | 25-10-42

Carrista SIGISMONDI Vittorio di Vittorio cl. 1915 | 25-10-42

Carrista TADDEI Enrico di Aristide cl. 1920 | 25-10-42

Carrista CISTERNINO Angelo di Frane, cl. 1915 | 25-10-42

Carrista BERNABEI Paolo di Francesco cl. 1920 | 25-10-42

Carrista DALL'OGLIO Anselmo fu Vital. cl. 1916 | 25-10-42

Carrista POZZI Camillo di Angelo cl. 1918 | 25-10-42

Carrista MARTORANA Antonio di Filippo cl. 1916 | 25-10-42

Del XII Btg. Carri M.

Capitano S.p.e. PREVE Costanzo di Gius. cl. 1912 | 8-11-42

Tenente S.p.e. TADDEI Francesco fu Gius. cl. 1918 | 2-11-42

Tenente S.p.e. DE NARDI Aless. di Ferd. cl. 1920 | 2-11-42

Tenente Cpl. CAMPLANI Giulio di Giov. cl. 1919 | 2-11-42

Tenente Cpl. VITT Giovanni di Felice cl. 1919 | 5-11-42

Serg. magg. BERGAMINI Irmo di Giov. cl. 1916 | 8-11-42

Serg. magg. CUTTULI Gaetano di Antonio cl. 1919 | 5-11-42

Sergente BAREZZANI Pietro fu Faustino cl. 1915 | 2-11-42

Cap. magg. LA ROSA Giuseppe di Gius. cl. 1921 | 2-11-42

Cap. magg. CUELLI Augusto di Felice cl. 1915 | 8-11-42

Cap. magg. PERSONI Luigi di Francesco cl.1921 | 2-11-42

Caporale VITALE Alfio di N.N. cl. 1921 | 8-11-42

Caporale GIOIELLA Marco di Giovanni cl.1920 | 5-11-42

Caporale RADAELLI Giuseppe di Frane, cl. 1921 | 5-11-42

Caporale GRAZIANO Luigi di Nicola cl. 1919 | 5-11-42

Capor. ESPOSITO Buonaventura di Biagio cl. 1922 | 5-11-42

Caporale GROTTI Francesco fu Pietro cl.1920 | 2-11-42

Caporale PERRONI Luigi di Raffaele cl.1918 | 5-11-42

Carrista ADAMI Tardio di Domenico cl. 1921 | 2-11-42

Carrista SACCHETTO Pacio di Giobatta cl. 1921 | 8-11-42

Carrista PARMESAN Attilio di Giuseppe cl. 1921 | 8-11-42

Carrista PAGLIAZZI Oliviero di Giovanni cl. 1920 | 8-11-42

Carrista LEGROTTAGLIE Gius, di Frane, cl. 1921 | 8-11-42

Carrista PAGLIAI Giuseppe di Marco cl. 1919 | 2-11-42

Carrista MANIEZZO Virgilio di Giordano cl. 1921 | 2-11-42

Carrista MORELLI Mario fu Vincenzo cl. 1922 | 5-11-42

Carrista CUGINI Walter di Romeo cl. 1921 | 5-11-42

Carrista BISIO Silvano fu Mario cl. 1921 | 5-11-42

Carrista ROVETTO Alessandro di Carlo cl. 1920 | 5-11-42

Carrista POLI Antonio di Giovanni cl. 1921 | 5-11-42

Carrista BOLOGNA Enrico di Luigi cl. 1921 | 5-11-42

Carrista COCCIA Tommaso di Rocco cl. 1923 | 5-11-42

Carrista ARAMIN Alessandro di Natale cl. 1921 | 5-11-42

Del LI Btg. Carri M.

Capitano S.p.e. CARACCIO Vittorio di S. cl. 1916 | 25-10-42

S. Tenente Cpl. CANDELO Roberto di Erc. cl. 1916 | 2-11-42

S. Tenente S.p.e. PALMIERO Filip. di Gius. cl. 1921 | 2-11-42

S. Tenente Cpl. BRUNI Alberto di Carlo cl 1916 | 31-10-42

S. Tenente Cpl. REGONATI Luigi di Vitt. cl. 1920 | 31-10-42

S Tenente Cpl. MACCAFERRI Aless. di E. cl. 1914 | 31-10-42

Serg. magg. RUSSO Antonio di Michele cl. 1916 | 25-10-42

Serg. magg. ARTEMALLE Ottavio di Gius. cl. 1914 | 31-10-42

Serg. magg. DI DOMENICO Pasq. di Giul. cl. 1917 | 31-10-42

Serg magg. BISEGNA Franz di Nunzio cl. 1914 | 2-11-42

Serg magg. MARAZZINI Ugo di Mario cl. 1920 | 31-10-42

Sergente ROMANO Antonio di Eugenio cl. 1915 | 2-11-42

Cap magg. SCHIATTONE Raff di Mich. cl. 1920 | 31-10-42

Cap. magg. CATANESE Sante di Antonio cl. 1919 | 2-11-42

Cap. magg. COLONNA Francesco di Vito cl. 1920 | 2-11-42

Cap. magg. POREN Mario di Francesco cl. 1919 | 25-10-42

Cap. magg. ROSSI Giacomo di Carmine cl. 1919 | 31-10-42

Cap. magg. LEONI Remo di Giacomo cl. 1915 | 2-11-42

Cap. mal FANIGLIULO Cosimo di Eman. cl. 1918 | 2-11-42

Cap magg. VISENTINI Armando di Giov. cl. 1920 | 2-11-42

Cap. magg. PIRRELLO Vittorio fu Franc. cl. 1915 | 2-11-42

Cap. magg. PALMA Mario di Pietro cl. 1919 | 2-11-42

Cap. magg. BOLZANELLA Romano di A. cl. 1915 | 2-11-42

Caporale CECCARELLI Imperio di Sante cl. 1921 | 2-11-42

Caporale PELOSO Marino di Narciso cl. 1921 | 2-11-42

Caporale PRETE Belisario fu Antonio cl. 1919 | 21-10-42

Caporale LINAZZI Carlo cl. 1921 | 21-10-42

Caporale PERUZZA Rocco di Bernardo cl. 1923 | 21-10-42

Caporale MASETTI Costante fu Domenico cl. 1919 | 21-10-42

Caporale MORANDINI Renato fu Gius. cl. 1918 | 21-10-42

Caporale GRECO Giuseppe fu Leonardo cl. 1921 | 21-10-42

Caporale DURI Quinto di Giuseppe cl. 1922 | 21-10-42

Caporale SALVATORI Renzo di Alfredo cl. 1920 | 2-11-42

Caporale PANNICO Francesco di Vincenzo cl. 1916 | 25-10-42

Caporale DI LEONARDO Remo fu Fiorav. cl. 1916 | 25-10-42

Caporale RODI Emilio di Michele cl. 1920 | 25-10-42

Caporale ZEN Emilio di Giovanni cl. 1922 | 2-11-42

Carrista sc. CERRO Quirino di Biagio cl. 1918 | 2-11-42

Carrista NICCOLINI Battista di Angelo cl. 1921 | 2-11-42

Carrista LO RUSSO Donato di Michele cl. 1921 | 2-11-42

Carrista RECCHI Luigi fu Gaetano cl. 1921 | 31-10-42

Carrista FRANCHI Antonio di Mariano cl. 1920 | 31-10-42

Carrista DI BENEDETTO Giovanni di Val. cl. 1919 | 31-10-42

Carrista BALDASSARI Nello di Francesco cl. 1921 | 31-10-42

Carrista FASTELLI Augusto di Giuseppe cl. 1927 | 31-10-42

Carrista DE SANCTIS Giuseppe fu Giov. cl. 1918 | 31-10-42

Carrista BARBARICH Aldo fu Pasquale cl. 1918 | 31-10-42

Carrista PARIGI Giovanni di Ernesto cl. 1920 | 2-11-42

Carrista MINASOLA Rosolino fu Melch. cl. 1919 | 2-11-42

Carrista ROMANI Salvatore di Pietro cl. 1921 | 2-11-42

Carrista VIVIANI Viviano di Ennio cl. 1921 | 2-11-42

Carrista CASILLIO Michele di Alfonso cl. 1915 | 2-11-42

Carrista CHIODI Ippolito di Giuseppe cl. 1920 | 2-11-42

Serg. magg. La GRECA Pasquale fu Nicola cl. 1918 | 2-11-42

Caporale ZERBOTTI Franco cl. 1924 | 2-11-42

MILITARI FERITI IN COMBATTIMENTO

Ten. Col. S.p.e. CASAMASSIMA Rocco fu Emanuele cl. 1893 effettivo alla C.C.-IV Btg. il 25-10-42 è stato ferito da schegge di granata agli arti inferiori e ricoverato a cura della Sez. di Sanità Divisionale, il 2 novembre è stato trasferito su nave ospedale per c.c. in Patria. Sotto la stessa data passa effettivo alla Comp. Deposito 33° Carrista in Parma.

Tenente Cpl. MARCHIONI Biagio fu Francesco cl. 1913 effettivo alla 3a Comp. Btg. Carri M., in data 25-10-42 è stato ferito agli arti superiori ed inferiori. Ricoverato a cura della Sez. di Sanità Divisionale, in data 2 novembre 1942 dall'Ospedale n. 216 è stato trasferito su nave ospedale per c.c. in Patria. Sotto la stessa data passa effettivo alla Comp. Deposito 33° Carrista in Parma.

Tenente Cpl. RONCA Mario di Alfredo cl. 1913 effettivo al'IV Btg., in data 25-10-42 è stato ferito da schegge di granata alla natica sinistra e al braccio destro e ricoverato a cura della Sez. di Sanità Divisionale.

S. Tenente Cpl. GULISANO Salvatore di Tancreto cl. 1913 effettivo al IV Btg., in data 25-10-42 è stato ferito all'ascellare anteriore sinistro con penetrazione in cavità; ricoverato a cura della Sez. di Sanità Divisionale.

Il S. Tenente S.p.e. CHIODI Garibaldi di Enrico cl. 1912, effettivo al IV Btg., in data 25-10-42 è stato ferito da scheggia di granata all'emitorace destro con penetrazione in cavità; ricoverato a cura della Sez. di Sanità Divisionale; in data 2 novembre dal 216 Ospedale da campo è stato trasferito su nave ospedale per c.c. in Patria. Sotto la stessa data passa effettivo al Deposito 33° Carrista in Parma.

Il serg. magg. LEONIDA Antonio di N.N. cl. 1918 effettivo al IV Btg., in data 25-10-42 è stato ferito alla testa, al viso e alla mano destra da schegge di granata e ricoverato a cura della Sez. di Sanità Divisionale.

Il serg. magg. MORONI Adriano di Graziano cl. 1917 del IV Btg., in data 25-10-42 è stato ferito da scheggia di granata al mento e alla gamba sinistra e ricoverato a cura della Sezione di Sanità Divisionale.

Il sergente PINCHI Benvenuto fu Adriano cl. 1916 del IV Btg., in data 25-10-42 è stato ferito da scheggia di granata al braccio ed al mento e ricoverato a cura della Sezione di Sanità Divisionale.

Il sergente COASSIN Angelo di Luigi cl. 1914 del IV Btg., in data 25-10-42 è stato ferito da scheggia di granata alla regione medio dorsale e ricoverato a cura della Sezione di Sanità Divisionale.

Il sergente QUARTA Oronzo di Francesco cl. 1915 del IV Btg. in data 25-10-42 è stato ferito e ricoverato a cura della Sezione di Sanità Divisionale.

Il sergente DE VITO Primo di Gaetano cl. 1917 del IV Btg. in data 25-10-42 è stato ferito da schegge di granata alla gamba sinistra e ricoverato a cura della Sezione di Sanità Divisionale.

Il sergente PEREGO Livio di Angelo cl. 1913 del IV Btg. in data 27-10-42 è stato ferito alla natica sinistra ed alla regione dorsale da scheggia di granata. Ricoverato a cura della Sezione di Sanità Divisionale.

Il sergente CREMONA Ugo di Gioacchino cl. 1918 del IV Btg. è stato ferito in data 27-10-42 alla gamba sinistra e ricoverato a cura della Sezione di Sanità Divisionale.

Il cap. magg. GIORGIO Francesco di Vito cl. 1921 del IV Btg. in data 28-10-42 è stato ferito al viso e ricoverato a cura della Sezione di Sanità Divisionale.

Il cap. magg. NORIO Marcello fu Umberto cl. 1920 del IV Btg. in data 26-10-42 è stato colpito da choc nervoso in seguito a bombardamento aereo e ricoverato a cura della Sezione di Sanità Divisionale.

Il cap. magg. COPPOLA Carlo di Michele cl. 1921 del IV Btg. in data 26-10-42 è stato ferito alla gamba destra e ricoverato a cura della Sezione di Sanità Divisionale.

Il cap. magg. GENTILI Stefano di Lorenzo cl. 1920 del IV Btg. in data 25-10-42 è stato ferito al cuoio capelluto a tutto spessore e ricoverato a cura della Sezione di Sanità Divisionale.

Il cap. magg. ROSSIN Giovanni di Narciso cl. 1919 del IV Btg. in data 25-10-42 è stato ferito per ustioni di 2° gr. agli arti inferiori. Ricoverato a cura della Sez. Divisionale in data 2-11-42 dal 166 O.C. è stato trasferito su nave ospedale per c.c. in Patria. Sotto la stessa data passa effettivo al Deposito 33° Carrista in Parma.

Il cap. magg. GUERRIERI Michele fu Alessandro cl. 1922 del IV Btg. in data 25-10-42 è stato ferito da scheggia di granata al braccio destro ed alla spalla sinistra e ricoverato a cura della Sezione di Sanità Divisionale.

Il caporale PELLEGRINI Antonio di Francesco cl. 1919 del IV Btg. in data 25-10-42 è stato ferito da scheggia di granata alla spalla sinistra e ricoverato a cura della Sezione di Sanità Divisionale.

Il caporale DE ROSA Tullio di Luigi cl. 1922 del IV Btg. in data 25-10-42 è stato ferito e ricoverato a cura della Sezione di Sanità Divisionale.

Il caporale GRASSI Vito fu Pasqualino cl. 1920 del IV Btg. in data 25-10-42 è stato ferito e ricoverato a cura della Sezione di Sanità Divisionale.

Il carrista VANNINI Roberto di Umberto cl. 1908 del IV Btg. in data 28-10-42 è stato ferito alla regione spalla sinistra e ricoverato a cura della Sezione di Sanità Divisionale.

Il carrista SLONGO Giacomo di Sante cl. 1921 del IV Btg. in data 27-10-42 è stato ferito e ricoverato a cura della Sezione di Sanità Divisionale.

Il carrista PANEI Benedetto di Giuseppe cl. 1920 del IV Btg. in data 27-10-42 è stato ferito e ricoverato a cura della Sezione di Sanità Divisionale.

Il carrista MANFRO Italo di Cipriano cl. 1920 del IV Btg. in data 25-10-42 è stato ferito alla gamba sinistra e ricoverato a cura della Sezione di Sanità Divisionale.

Il carrista FANTON Antonio di Giuseppe cl. 1921 del IV Btg. in data 25-10-42 è stato ferito. Ricoverato a cura della Sezione di Sanità Divisionale, in data 2-11-42 dal 165° O.C. è stato trasferito su nave ospedale per c.c. in Patria. Sotto la stessa data passa effettivo al Deposito 33° Carrista in Parma.

Il carrista PRIVITERA Michele fu Salvatore cl. 1921 del IV Btg. in data 25-10-42 è stato ferito e ricoverato a cura della Sezione di Sanità Divisionale.

Il carrista BOZZI Gino di N.N. cl. 1922 del IV Btg. in data 25-10-42 è stato ferito alla testa, al viso ed agli arti superiori ed inferiori. Ricoverato a cura della Sezione di Sanità Divisionale.

Il carrista MARGINI Enzo di Giuseppe cl. 1921 del IV Btg. in data 25-10-42 è stato ferito al braccio destro e ricoverato a cura della Sezione di Sanità Divisionale.

Il carrista NALDI Alfonso di Giuseppe cl. 1916 del IV Btg. in data 25-10-42 è stato ferito e ricoverato a cura della Sezione di Sanità Divisionale.

Il carrista FERRO G. Battista di Paolo cl. 1916 del IV Btg. in data 25-10-42 è stato ferito e ricoverato a cura della Sezione di Sanità Divisionale.

Il carrista BENATO Emilio fu Davide cl. 1920 del XII Btg. in data 27-10-42 è stato ferito e ricoverato a cura della Sezione di Sanità Divisionale.

Il carrista FANTON Giovanni di Fortunato cl. 1920 del XII Btg. in data 27-10-42 è stato ferito e ricoverato a cura della Sezione di Sanità Divisionale.

Il carrista GIORDA Onorato di Alfonso cl. 1919 del XII Btg. in data 27-10-42 è stato ferito alle gambe. Ricoverato a cura della Sezione di Sanità Divisionale in data 2-11-42 dal 165° O.C. è stato trasferito su nave ospedale per c.c. in Patria. Sotto la stessa data passa effettivo al Deposito 33° Carrista in Parma.

Il carrista BECCU' Salvatore di Sebastiano cl. 1920 del XII Btg. in data 25-10-42 è stato ferito e ricoverato a cura della Sezione di Sanità Divisionale.

Il carrista DE NICOLA Pietro di Salvatore cl. 1921 del XII Btg. in data 25-10-42 è stato ferito al braccio d. e ricoverato a cura della Sez. Sanità Divisionale.

Il caporale MAZZACANI Vittorio fu Vittorio cl. 1921 del XII Btg. in data 27-10-42 è stato ferito alla gamba sinistra e ricoverato a cura della Sez. Sanità Divisionale.

Il caporale BINDOLINO Enrico di Pietro cl. 1921 del XII Btg. in data 27-10-42 è stato ferito alle mani ed al viso e ricoverato a cura della Sezione di Sanità Divisionale.

Il caporale SCANDOLO Dino fu Antonio cl. 1921 del XII Btg. in data 25-10-42 è stato ferito e ricoverato a cura della Sezione di Sanità Divisionale.

Il cap. maggiore LOVASTO Lorenzo di Antonio cl. 1915 del XII Btg. in data 25-10-42 è stato ferito e ricoverato a cura della Sez. di Sanità Divisionale.

Il sergente ANDENNA Luigi di Giuseppe cl. 1913 del XII Btg. in data 27-10-42 è stato ferito e ricoverato a cura della Sez. di Sanità Divisionale.

Il serg. magg. FURLAN Carlo di Giacomo cl. 1915 del XII Btg. in data 27-10-42 è stato ferito e ricoverato a cura della Sez. di Sanità Divisionale.

Il carrista ZANELLA Ando fu Arturo cl. 1915 del XII Btg. in data 27-10-42 è stato ferito e ricoverato a cura della Sez. di Sanità Divisionale.

Il cap. magg. FERRARI Luigi fu Angelo cl. 1915 del XII Btg. in data 25-10-42 è stato ferito e ricoverato a cura della Sezione di Sanità Divisionale.

Il sergente FATTORI Antonio di Giovanni cl. 1915 del XII Btg. in data 25-10-42 è stato ferito e ricoverato a cura della Sezione di Sanità Divisionale.

Il carrista ELLERO Walter di Luigi cl. 1921 della C.C.R. in data 8-11-42 è stato ferito in seguito a bombardamento aereo e ricoverato nell'Ospedale Militare di Tobruk.

Il maresciallo capo MORANDO Pietro di Carlo cl. 1904 della C.C.R. in data 5-11-42 è stato ferito da scheggia di bomba aerea alla gamba destra e ricoverato all'Ospedale Militare di Marsa Matruh.

Il carrista FERRACUTI Alberto di Filippo cl. 1916 della C.C.R. in data 4-11-42 è stato ferito alle gambe e ricoverato all'Ospedale di Marsa Matruh.

Il S. Tenente cpl. PELLONI Roberto di Ettore cl. 1920 della C.C.R. in data 1-11-42 è stato ferito da pallottola alle gambe. Ricoverato all'Ospedale di Marsa Matruh, in data 3-11-42 dal 216° O.C. è stato trasferito su N.O. per c.c. in Patria.

Il Capitano CAMPINI Secondo di Giovanni cl. 1911 del IV Btg. in data 2-11-42 è stato ferito alla testa da scheggia di granata. Ricoverato a cura della Sezione di Sanità Divisionale.

Il S. Tenente compl. MORINI Nevio fu Vincenzo cl. 1921 del IV Btg. in data 2-11-42 è stato ferito alla gamba destra e ricoverato a cura della Sezione di Sanità Divisionale.

Il caporale MOR Vasco di Emilio cl. 1921 del IV Btg. in data 6-11-42 è stato ferito e ricoverato a cura della Sezione di Sanità Divisionale.

Il carrista BERNARDINI Bruno di Angelo cl. 1921 del IV Btg. in data 30-10-42 è stato ferito alla gamba sinistra ed alla testa. Ricoverato a cura della Sezione di Sanità Divisionale, in data 2-11-42 dal 165° O.C. è stato trasferito su N.O. per c.c. in Patria. Sotto la stessa data passa effettivo al Deposito 33° Carrista in Parma.

Il carrista AMBROSI Silvio di Albino cl. 1922 del IV Btg. in data 2-11-42 è stato ferito e ricoverato a cura della Sezione di Sanità Divisionale.

Il sergente CAMIOCIOTTI Vinicio di Eugenio cl. 1914 del IV Btg. in data 2-11-42 è stato ferito e ricoverato a cura della Sezione di Sanità Divisionale.

Il caporale FONTANA Aurelio di Carlo cl. 1909 del IV Btg. in data 4-11-42 è stato ferito e ricoverato a cura della Sezione di Sanità Divisionale.

Il T. Colonnello BONINI Giuseppe fu Giulio cl. 1893 della C.C.R. in data 1-11-42 è stato ferito da scheggia di granata alla gamba sinistra e ricoverato all'Ospedale Militare di Marsa Matruh.

Il caporale magg. BRUNO Vito di Silvestro cl. 1923 del IV Btg. in data 11-11-42 è stato ferito e ricoverato a cura della Sezione di Sanità Divisionale.

Il Maresciallo VARESCHI Mario di Giacomo cl. 1912 del IV Btg. in data 8-11-42 è stato ferito e ricoverato a cura della Sezione di Sanità Divisionale. In data 17-11-42 è stato trasferito all'Ospedale Militare di Sabratha.

Il carrista MACCIOCCHI Emilio di Luigi cl. 1915 del IV Btg. in data 2-11-42 è stato ferito e ricoverato a cura della Sezione di Sanità Divisionale.

Il caporale magg. MANFRONI Mario fu Stefano cl. 1919 del IV Btg. in data 2-11-42 è stato ferito e ricoverato a cura della Sezione di Sanità Divisionale.

Il cap. magg. CALABRESI Giorgio di Giuseppe cl. 1923 del IV Btg. in data 28-10-42 è stato ferito e ricoverato a cura della Sezione di Sanità Divisionale.

Il cap. magg. LIBERTUCCI Guerrino di Osvaldo cl. 1917 del LI Btg. in data 27-10-42 è stato ferito e ricoverato a cura della Sezione di Sanità Divisionale.

Il S. Tenente cpl. OTTAVIANI Luigi di Evaristo cl. 1916 del LI Btg. in data 25-10-42 è stato ferito. Ricoverato a cura della Sezione di Sanità Divisionale in data 21-11-42 dal 216° O.C., è stato trasferito su N.O. per c.c. in Patria. Sotto la stessa data passa effettivo al Deposito 33° Carrista in Parma.

Il Capitano s.p.e. PUDDU Tito fu Giuseppe cl. 1906 del LI Btg. in data 25-10-42 è stato ferito all'addome e ricoverato a cura della Sezione di Sanità Divisionale.

Il caporale MERAVIGLIA Virgilio fu Angelo cl. 1921 del LI Btg. in data 25-10-42 è stato ferito da scheggia di granata. In data 2-11-42 dal 216° O.C. è stato trasferito su N.O. per c.c. in Patria. Sotto la stessa data passa effettivo al Deposito 33° Carrista in Parma.

Il carrista CASSIANT Antonio di Giuseppe cl. 1916 del LI Btg. in data 5-11-42 è stato ferito e ricoverato a cura della Sezione di Sanità Divisionale.

Il carrista MARRONE Oronzo di Giuseppe cl. 1916 del LI Btg. in data 7-11-42 è stato ferito e ricoverato a cura della Sezione di Sanità Divisionale.

Il carrista RISPOLI Antonio di Raffaele cl. 1921 del LI Btg. in data 25-10-42 è stato ferito e ricoverato a cura della Sezione di Sanità Divisionale.

Il carrista PAGANO Giuseppe di Francesco cl. 1920 del LI Btg. in data 27-10-42 è stato ferito e ricoverato a cura della Sezione di Sanità Divisionale.

Il carrista LOBASCIO Antonio fu Luigi cl. 1921 del LI Btg. in data 28-10-42 è stato ferito e ricoverato a cura della Sezione di Sanità Divisionale.

Il caporale LUCACCINI Salvatore di Pasquale cl. 1919 del LI Btg. in data 25-10-42 è stato ferito e ricoverato a cura della Sezione di Sanità Divisionale.

Il sergente MENEGUZ Secondo fu Cosimo del LI Btg. cl. 1914 in data 25-10-42 è stato ferito da scheggia di granata. Ricoverato a cura della Sezione di Sanità Divisionale, in data 31-10-42 è stato trasferito sulla N.O. «Gradisca» per c.c. in Patria. Sotto la stessa data passa effettivo al Deposito 33° Carrista in Parma.

Il sergente TATA Giuseppe di Lorenzo cl. 1915 del LI Btg. in data 27-10-42 è stato ferito e ricoverato a cura della Sezione di Sanità Divisionale.

Il sergente GHERARDINI Sestilio di Vermiglio cl. 1918 del LI Btg. in data 24-10-42 è stato ferito da scheggia di granata. Ricoverato a cura della Sezione di Sanità Divisionale, in data 2-11-42 è stato trasferito dal 216° O.C. alla N.O. «Gradisca» per c.c. in Patria. Sotto la stessa data passa effettivo al Deposito 33° Carrista in Parma,

Il serg. magg. BILANZONE Giuseppe di Nicola cl. 1919 del LI Btg. in data 3-11-42 è stato ferito e ricoverato a cura della Sezione di Sanità Divisionale.

Il caporale NUNZI Delfino di Antonio cl. 1918 del LI Btg. in data 31-10-42 è stato ferito e ricoverato a cura della Sezione di Sanità Divisionale.

Il carrista CESTRA Luigi di Achille cl. 1917 del LI Btg. in data 24-10-42 è stato ferito e ricoverato a cura della Sezione di Sanità Divisionale.

Il carrista CAPRA Valerio di Sanzio cl. 1920 del LI Btg. in data 24-10-42 è stato ferito da scheggia di granata. Ricoverato a cura della Sezione di Sanità Divisionale, in data 2-11-42 dal 165° O.C. è stato trasferito su N.O. per c.c. in Patria. Sotto la stessa data passa effettivo al Deposito 33° Carrista in Parma.

Il cap. magg. MEDICO Giulio di Giuseppe cl. 1916 del XII Btg. in data 27-10-42 è stato ferito e ricoverato a cura della Sezione di Sanità Divisionale.

Il Tenente compl. ZILEMBO Pietrangelo di Nicola cl. 1915 del XII Btg. in data 27-10-42 è stato ferito. Ricoverato a cura della Sezione di Sanità Divisionale, in data 2-11-42 dal 216° O.C. è stato trasferito su N.O. per c.c. in Patria. Sotto la stessa data passa effettivo al Dep. 33° Carrista in Parma.

Il cap.le SCANELLI Adriano fu Luigi cl. 1920 del XII btg. in data 26-10-42 è stato ferito e ricoverato a cura Sez. San. Divisionale.

Il s. tenente cpl. DE ANGELIS Antonio di Salvatore cl. 1919 del XII btg. in data 25-10-42 è stato ferito all'addome. Ricoverato a cura Sez. Sanità Divisionale, in data 2-11-42 dal 216° O.C. è stato trasferito su N.O. per c.c. in Patria. Sotto la stessa data passa effettivo al Deposito 33° Carrista in Parma.

Il cap.le SEVA Mario di Carlo cl. 1921 del XII btg. in data 25-10-42 è stato ferito e ricoverato a cura Sezione Sanità Divisionale.

Il cap.le SCIBE' Giulio di Angelo cl. 1921 del XII btg. in data 25-10-42 è stato ferito alla testa. Ricoverato a cura Sez. Sanità Div.le in data 2-11-42 è stato trasferito dal 216° O.C. alla N.O. «Gradisca» per c.c. in Patria. Sotto la stessa data passa effettivo al Deposito 33° Carrista in Parma. Il carr. SALVADERI Ernesto di Zenone cl. 1919 del XII btg. in data 27-10-42 è stato ferito e ricoverato a cura Sez. Sanità Divisionale.

Il carr. RAVAZZOLO Vittorio di Enrico cl. 1919 del XII btg. in data 27-10-42 è stato ferito e ricoverato a cura Sez. Sanità Divisionale.

Il carr. BIOTTO Walter di Fioravante cl. 1920 del XII Btg. in data 25-10-42 è stato ferito al braccio sin. Ricoverato a cura Sez. San. Div. in data 2-11-42 dal 216° O.C. è stato trasferito su N.O. per c.c. in Patria. Sotto la stessa data passa effettivo al Dep. 38° Carrista in Parma.

Il cap. magg. SIBONI Enrico di Silvio cl. 1921 del XII btg. in data 25-10-42 è stato ferito e ricoverato a cura Sez. Sanità Divisionale.

Il cap. magg. PALAZZI Carlo fu Pietro cl. 1915 del XII Btg. in data 25-10-42 è stato ferito alla spalla sinistra. Ricoverato a cura Sez. Sanità Divisionale, in, data 2-11-42 dal 216° O.C. è stato trasferito su N.O. per c.c. in Patria. Sotto la stessa data passa effettivo al Deposito 33° Carrista in Parma.

Il capitano compl. SANDRI Guglielmo di Lodovico del XII btg. cl. 1905 in data 26-10-42 è stato ferito alle mani e in altre parti del corpo. Ricoverato a cura Sez. Sanità Divisionale in data 2-11-42 dal 216° O.C. è stato trasferito su N.O. per c.c. in Patria. Sotto la stessa data passa effettivo al Deposito 33° Carrista in Parma.

Il carr. PISATI Alberto di Emilio cl. 1921 del XII btg. in data 5-11-42 è stato ferito e ricoverato a cura Sezione Sanità Divisionale.

Il serg. CULPO Francesco di Vittorio cl. 1919 del XII btg. in data 2-11-42 è stato ferito e ricoverato a cura Sez. Sanità Divisionale.

Il carr. BORINI Nilo di Giuseppe cl. 1921 del XII btg. in data 27-10-42 è stato ferito e ricoverato a cura Sezione Sanità Divisionale.

Il carr. MARCHI Livio di Giuseppe cl. 1919 del XII btg. in data 5-11-42 è stato ferito e ricoverato a cura Sez. Sanità Divisionale.

Il s. tenente compl. STEFENELLI Giuseppe fu Italo cl. 1914 del XII btg. in data 27-10-42 è stato ferito da schegge multiple. Ricoverato a cura Sez. Sanità Divisionale, in data 2-11-42 dal 216° O.C. è stato trasferito su N.O. per c.c. in Patria. Sotto la stessa data passa effettivo al Deposito 33° Carrista in Parma.

Il carr. BRICCHI Pietro di Michele cl. 1921 del XII btg. in data 5-11-42 è stato ferito e ricoverato a cura Sez. Sanità Divisionale.

www.ingramcontent.com/pod-product-compliance
Lightning Source LLC
LaVergne TN
LVHW081313080526
838199LV00085B/3759

9788893272537